Daphne Lukas

Lerntheke
Klima- und Umweltschutz

Kompetenzorientierte Projektarbeit
an Forscherstationen

In diesem Werk sind nach dem MarkenG geschützte Marken und sonstige Kennzeichen für eine bessere Lesbarkeit nicht besonders kenntlich gemacht. Es kann also aus dem Fehlen eines entsprechenden Hinweises nicht geschlossen werden, dass es sich um einen freien Warennamen handelt.

4. Auflage 2024
© 2014 Auer Verlag, Augsburg
AAP Lehrerwelt GmbH
Alle Rechte vorbehalten.

Das Werk als Ganzes sowie in seinen Teilen unterliegt dem deutschen Urheberrecht. Der*die Erwerber*in der Einzellizenz ist berechtigt, das Werk als Ganzes oder in seinen Teilen für den eigenen Gebrauch und den Einsatz im eigenen Präsenz- oder Distanzunterricht zu nutzen.

Produkte, die aufgrund ihres Bestimmungszweckes zur Vervielfältigung und Weitergabe zu Unterrichtszwecken gedacht sind (insbesondere Kopiervorlagen und Arbeitsblätter), dürfen zu Unterrichtszwecken vervielfältigt und weitergegeben werden. Die Nutzung ist nur für den genannten Zweck gestattet, nicht jedoch für einen schulweiten Einsatz und Gebrauch, für die Weiterleitung an Dritte einschließlich weiterer Lehrkräfte, für die Veröffentlichung im Internet oder in (Schul-)Intranets oder einen weiteren kommerziellen Gebrauch. Mit dem Kauf einer Schullizenz ist die Schule berechtigt, die Inhalte durch alle Lehrkräfte des Kollegiums der erwerbenden Schule sowie durch die Schüler*innen der Schule und deren Eltern zu nutzen. Nicht erlaubt ist die Weiterleitung der Inhalte an Lehrkräfte, Schüler*innen, Eltern, andere Personen, soziale Netzwerke, Downloaddienste oder Ähnliches außerhalb der eigenen Schule. Eine über den genannten Zweck hinausgehende Nutzung bedarf in jedem Fall der vorherigen schriftlichen Zustimmung des Verlags.

Sind Internetadressen in diesem Werk angegeben, wurden diese vom Verlag sorgfältig geprüft. Da wir auf die externen Seiten weder inhaltliche noch gestalterische Einflussmöglichkeiten haben, können wir nicht garantieren, dass die Inhalte zu einem späteren Zeitpunkt noch dieselben sind wie zum Zeitpunkt der Drucklegung. Der Auer Verlag übernimmt deshalb keine Gewähr für die Aktualität und den Inhalt dieser Internetseiten oder solcher, die mit ihnen verlinkt sind, und schließt jegliche Haftung aus.

Autor*innen: Daphne Lukas
Illustrationen: Steffen Jähde, Julia Flasche, Carmen Hochmann
Umschlagfoto: © smereka, Fotolia
Satz: Typographie & Computer, Krefeld
Druck und Bindung: Joh. Walch GmbH & Co. KG
ISBN 978-3-403-7593-6

www.auer-verlag.de

Inhaltsverzeichnis

Zum Einsatz des Buches 4

I. Lehrermaterial
Übersicht über den Projektverlauf 7
Überblick über Lernziele und vermittelte Kompetenzen 8
Materialaufstellung mit Hinweisen zu den einzelnen Stationen 9
Erwartungshorizonte zu den Forscherstationen 13

II. Organisationsmaterial
Regeln für die Arbeit an der Lerntheke 14
Anforderungen an die Arbeit mit der Lerntheke 15
Stationsschilder 16
Laufzettel 20

III. Schülermaterial
Hinführung zur Lerntheke: Die Zukunft vorhersagen 21

Forscherstation 1: Der Eisbär in Gefahr!? 24
Forscherstation 2: Vögel, die nicht mehr fliegen!? 33
Forscherstation 3: Waldtiere ohne Heimat!? 40
Forscherstation 4: Wildschweine in der Stadt!? 53
Forscherstation 5: Die Kuh ist schuld!? 63

Wahlstation 1: Der ökologische Fußabdruck 75
Wahlstation 2: Das „Utopia-Haus" 76
Wahlstation 3: Das Klima- und Umweltschutzspiel 77
Wahlstation 4: Gewinner und Verlierer – Verheerende Folgen 81

Quellenverzeichnis 87

Zum Einsatz des Buches

Die vorliegenden Materialien bilden das Fundament für eine Projektarbeit, die aus mehreren Phasen besteht (siehe Übersicht über den Projektverlauf). Im Idealfall mündet deren Umsetzung in ein von den Schülern organisiertes Schulprojekt. Kernstück der Projektarbeit ist eine Lernaufgabe, die in Form einer Lerntheke aus fünf Pflicht[1] – und vier Wahlstationen besteht.

Grundsätzlich sollen die Schüler jede Aufgabe in der Gruppe bearbeiten.
Ist Einzel- bzw. Partnerarbeit empfohlen, wird dies ausdrücklich gekennzeichnet:

Die Einteilung der Kleingruppen sollte zufällig erfolgen oder durch die Lehrperson gesteuert werden, um die sozialen Kompetenzen der Schüler zu stärken. Eine Mischung aus leistungsstärkeren und -schwächeren Schülern bietet sich an, weil Materialien teils dreifach differenziert vorliegen. Ideal sind – auch aufgrund der häufig dreiteiligen Aufgabenstellungen – Gruppen mit drei Schülern.

I. Lehrermaterial

Zunächst erhalten Sie einen Überblick über den empfohlenen **Projektverlauf**, angestrebte **Lernziele** und während der Arbeit an der Lerntheke vermittelte **Kompetenzen**.
Es schließt sich eine **Materialaufstellung mit Hinweisen zu den einzelnen Stationen** an, aus der u.a. der nötige Vorbereitungs- und Kopieraufwand hervorgeht.
Abgerundet wird das Lehrermaterial durch **Erwartungshorizonte zu den Forscherstationen**, die sehr knapp die wichtigsten Ursachen und Lösungsansätze zu den an den einzelnen Forscherstationen behandelten Themen zusammenfassen. In erster Linie soll diese Zusammenstellung der Lehrperson als Orientierung dienen, sie kann aber nach Belieben auch am Ende den Schülern zur Verfügung gestellt werden.

II. Organisationsmaterial

Die **Regeln** bzw. **Anforderungen für die Arbeit an der Lerntheke** sollten vergrößert kopiert, mit den Schülern besprochen und als Plakate im Klassenzimmer ausgehängt werden. Die kopierfertigen **Stationsschilder** können sowohl an der Lerntheke als auch auf den Ergebnisboxen befestigt werden. Sie begünstigen so ein übersichtliches, strukturiertes Arbeiten.
Der **Laufzettel** sollte für jede Gruppe kopiert werden. Er hilft den Schülern, bei der Bearbeitung der Stationen nicht den Überblick zu verlieren.

III. Schülermaterial

Zunächst erfolgt die **Hinführung zur Lerntheke** durch einen Zeitungsbericht, der die Aufmerksamkeit und das Interesse der Schüler weckt, da er von zwei Wetterextremen handelt, die zeitgleich in Australien auftraten, aber nicht logisch zusammenpassen. Dieser Artikel kann tagesaktuell ausgetauscht oder abgeändert werden. Anknüpfend daran erhalten die Schüler ein Aufgabenblatt, mit dessen Hilfe sie Zukunftsvisionen entwerfen sollen, die veränderte Lebensbedingungen auf der Erde in 65 Jahren skizzieren. Die Hinführung zur Lerntheke endet mit einer kurzen Erläuterung zum weiteren Vorgehen sowie mit Hinweisen auf die Ziele der Lerntheke.

---

1 Die Pflichtstationen werden im Verlauf des Buches als Forscherstationen bezeichnet.

Zum Einsatz des Buches

Die einzelnen **Forscherstationen** – das Herzstück der Lerntheke – dienen den Schülern als interaktive und handlungsorientierte Informationsquellen. An diesen Stationen erarbeiten sie die wichtigsten inhaltlichen Grundlagen und erhalten einen Gesamtüberblick über das Thema. Durch die Erarbeitung und Sammlung entscheidender Ursachen und geeigneter Lösungsansätze zur jeweils geschilderten Problematik wählen die Schüler intuitiv die wichtigsten Informationen aus. Es gelingt so, hochqualitative Ergebnisse in Bezug auf klima- und umweltpolitische Fragen zu erreichen.

Die einzelnen Forscherstationen bestehen in der Regel aus folgenden Elementen:

- Stationszettel
- Informationsseiten
- Forscherauftrag
- Forscherauftrag spezial (= Zusatzaufgabe)
- Hilfestellungen
- Lösungsvorschläge

Sämtliche Forscherstationen sind problem-, kompetenz- und handlungsorientiert angelegt. Die Auswahl der Themen erfolgte sowohl aufgrund der Wissenschaftsorientierung als auch aufgrund der Erfahrungs- und Handlungsorientierung der Schüler. Jede Forscherstation thematisiert Veränderungen in einem Ökosystem und behandelt somit eine Problemstellung des Klimawandels oder des Umweltschutzes, die von Menschen verursacht wurde. Exemplarisch wird jede dieser Problemstellungen an Tierarten verdeutlicht:

Die **Forscherstation 1** thematisiert die abschmelzenden Pole und die sich daraus ergebende Gefährdung von Eisbären und anderen Lebewesen.

Die **Forscherstation 2** zeigt die Gefahren der Erdölgewinnung, des Erdöltransports und der Erdölnutzung am Beispiel von Wasservögeln auf.

An der **Forscherstation 3** erarbeiten die Schüler die Probleme der Waldbewirtschaftung und -nutzung anhand der vermeintlichen Ausrottung der Luchse in unseren Wäldern.

Die **Forscherstation 4** beschäftigt sich mit der zunehmenden Vermüllung von Städten und den dadurch angelockten und in ihrem Lebensrhythmus beeinflussten Wildtieren.

An der **Forscherstation 5** lernen die Schüler die Klima verändernden und Umwelt beeinflussenden Faktoren der Landwirtschaft am Beispiel der Rindviehhaltung kennen.

An den Forscherstationen 1 und 4 sind die Informationsseiten nach drei Niveaustufen differenziert. Zu erkennen ist dies an folgenden Symbolen:

leicht  mittel  schwer

Außerdem bietet jede Forscherstation eine Zusatzaufgabe, die als **Forscherauftrag spezial** bezeichnet wird. Diese Aufgaben sind sowohl vertiefend als auch weiterführend angelegt und können optional von den Gruppen bearbeitet werden. Dass die Teams gemeinsam entscheiden, ob sie den Forscherauftrag spezial bearbeiten, hat zur Folge, dass sie auf sozialer Ebene darin geschult werden, auf ihre Mitschüler zu achten und auf kognitiver Ebene voneinander und miteinander zu lernen.

Um den Schülern Gelegenheit zu geben, an schwierigen Stellen Unterstützung zu erfahren, wurden zu einigen Aufgaben **Hilfestellungen** entworfen. Diese sollten nach Forscher-

Zum Einsatz des Buches

stationen geordnet an einem zentralen Platz aufbewahrt werden. So kann die Lehrperson Förderbedarf erkennen, wenn die Hilfeseiten zur Bearbeitung der Aufgaben herangezogen werden, und selbst unterstützend eingreifen.

Schließlich können die Schüler mithilfe vorgefertigter **Lösungsvorschläge** ihre Ergebnisse selbstständig überprüfen und gegebenenfalls verbessern.

Jeder Schüler ist verpflichtet, ein **Lerntagebuch** zu führen, in das er seine Ergebnisse abheftet. Dieses Lerntagebuch soll den Lernfortschritt verdeutlichen und kann der Lehrperson als Bewertungsgrundlage für Einzelnoten dienen. Ein Deckblatt für das Lerntagebuch dürfen die Schüler selbst entwerfen.

Am Ende jeder Forscherstation werden die Schüler außerdem aufgefordert, ihre Ergebnisse auf roten und grünen Kärtchen festzuhalten. Auf den roten Kärtchen sollen sie die Ursachen des von ihnen erarbeiteten Problems aufschreiben, auf den grünen mögliche Problemlösestrategien oder Handlungsmöglichkeiten. Diese Kärtchen werden in entsprechenden **Ergebnisboxen** für die einzelnen Forscherstationen gesammelt, um die Ergebnisse zu fixieren.

Für jede Forscherstation gibt es zwei Ergebnisboxen, eine für die Ursachen und eine für die Lösungsansätze zum jeweiligen Problem. Hierfür eignen sich Schuhkartons, welche mit dem jeweiligen Stationsschild versehen werden. Optional können die Boxen komplett in grünes bzw. rotes Packpapier eingebunden werden. In den Deckel wird ein Schlitz geschnitten, sodass die Schüler ihre Ergebniskärtchen nach der Arbeit an den Stationen einwerfen können.

Die Kärtchen in den Ergebnisboxen dienen den Gruppen als Basis für mögliche **Abschlusspräsentationen**. Für diese sollten die Schüler auch ein Lernprodukt in Form einer Broschüre (Niveaustufe 1), eines Kurz-Vortrags (Niveaustufe 2, wenn PowerPoint o. Ä. genutzt wird) oder eines Podcasts (Niveaustufe 3) erstellen.

Neben den Forscherstationen dürfen die Schüler auch die bereitliegenden **Wahlstationen** bearbeiten, wobei innerhalb einer Unterrichtsstunde gilt: Forscher- _vor_ Wahlstationen!

I. Lehrermaterial

Übersicht über den Projektverlauf

Grundlegender Verlauf:

A. Initiativphase	1 Std.

Hinführung zur Lerntheke: Die Zukunft vorhersagen
▶ Prognose bzw. Einschätzung möglicher Veränderungen des Klimas und der Umwelt in den nächsten 65 Jahren

B. Erarbeitungsphase: Lerntheke Klima- und Umweltschutz	6–8 Std.

Forscherstation 1: Der Eisbär in Gefahr!?

Forscherstation 2: Vögel, die nicht mehr fliegen!?

Forscherstation 3: Waldtiere ohne Heimat!?

Forscherstation 4: Wildschweine in der Stadt!?

Forscherstation 5: Die Kuh ist schuld!?

Wahlstation 1: Der ökologische Fußabdruck

Wahlstation 2: Das „Utopia-Haus"

Wahlstation 3: Das Klima- und Umweltschutzspiel

Wahlstation 4: Gewinner und Verlierer – Verheerende Folgen

▶ Erarbeitung nötigen Hintergrundwissens

Weiterführender Verlauf (nicht in diesem Buch enthalten):

C. Planungs-, Produktions- und Verifikationsphase	2–3 Std.

▶ Vorbereitung der Präsentationen (Podcast, Kurzvortrag, Broschüre) mithilfe der Ergebnisse aus den Boxen der einzelnen Stationen

D. Präsentations- und Aktionsphase	2 Std. + außerunterrichtliche Zeit

▶ kriteriengeleitete Bewertung der Lerntagebücher und Präsentationen mithilfe von Bewertungsbögen
▶ optional: anschließende Planung eines gemeinsamen Projekts in der Schule (z. B. Müllsammel-Aktion, Energiespar-Detektive, Dekoration aus Müll, Blauer Engel)

E. Evaluation (etwa nach 4 Monaten)	1 Std.

▶ Auswertung des Projekts hinsichtlich der Fragen „Hat sich seit dem Projekt mein Alltag verändert?" und „Inwiefern kann ich Veränderungen feststellen?"

I. Lehrermaterial

Überblick über Lernziele und vermittelte Kompetenzen

Station	Lernziele und vermittelte Kompetenzen
Forscherstation 1 Der Eisbär in Gefahr!?	Die Schüler erarbeiten, warum der Eisbär in seinem Lebensraum bedroht ist und welche Gegenmaßnahmen ergriffen werden können. Sie stärken ihre Kompetenzen, Informationen sinnvoll zu filtern, zusammenzufassen und zu präsentieren, Inhalte in geeigneter Weise darzustellen sowie Sachverhalte zusammenhängend zu erläutern.
Forscherstation 2 Vögel, die nicht mehr fliegen!?	Die Schüler erarbeiten, welche Gefahren mit der Gewinnung und Verarbeitung von Erdöl verbunden sind und welche Gegenmaßnahmen ergriffen werden können. Sie stärken ihre Kompetenzen, einen Versuch durchzuführen und zu bewerten, ihr Wissen zu vernetzen sowie Daten aus einem Schaubild zu entnehmen.
Forscherstation 3 Waldtiere ohne Heimat!?	Die Schüler entdecken, warum der Lebensraum Wald bedroht ist, welche Auswirkungen die Nutzung des Waldes auf die Umwelt und das Klima hat und welche Schutzmaßnahmen ergriffen werden können. Sie stärken ihre Kompetenzen, eine Mindmap zu erstellen, Bilder auszuwerten, ihr Wissen zu vernetzen sowie Karten zu lesen und zu bearbeiten.
Forscherstation 4 Wildschweine in der Stadt!?	Die Schüler erarbeiten, welche verschiedenen Auswirkungen Müll auf das Klima und die Umwelt, speziell auf Wildtiere, hat und wie dies verhindert werden kann. Sie stärken ihre Kompetenzen, Informationen sinnvoll zu filtern, zusammenzufassen und zu bewerten, Inhalte zu präsentieren und in geeigneter Weise darzustellen.
Forscherstation 5 Die Kuh ist schuld!?	Die Schüler erarbeiten, welche Auswirkungen die Landwirtschaft auf die Umwelt und das Klima hat und welche Möglichkeiten es gibt, diese zu verringern. Sie stärken ihre Kompetenzen, Inhalte eigenständig zu erklären, Stellung zu beziehen und zu begründen und ein Flussdiagramm zu erstellen.

Lerntheke Klima- und Umweltschutz

I. Lehrermaterial

Materialaufstellung mit Hinweisen zu den einzelnen Stationen

❯❯ Allgemein:

Die Schüler werden an jeder Station dazu aufgefordert, ihre Ergebnisse in ihrem Lerntagebuch abzuheften. Daher sollen sie vorab einen Schnellhefter besorgen.

Zur Bearbeitung der Stationen benötigen die Schüler grundsätzlich

- Schreibsachen (inkl. Blei- und Buntstiften sowie ein Lineal),
- weiße Blätter sowie
- rote und grüne Kärtchen zur Ergebnissicherung

Bitte kümmern Sie sich speziell um die Bereitstellung der weißen Blätter sowie der roten und grünen Kärtchen. Diese sollten im DIN-A5-Format und in ausreichender Anzahl[1] bereitliegen. Laminieren Sie die Informationsseiten, damit diese wiederverwendet werden können.

❯❯ Hinführung zur Lerntheke: Die Zukunft vorhersagen

Kopieraufwand:
in Klassenstärke: sämtliche Materialien
in ausreichender Anzahl: –
Sonstige Vorbereitungen: –

❯❯ Forscherstation 1: Der Eisbär in Gefahr!?

Kopieraufwand:
in Klassenstärke: –
in ausreichender Anzahl: Stationszettel, Informationsseiten 1–3, Forscherauftrag spezial inkl. Informationsseite, Hilfeseiten und Lösungsvorschläge
Sonstige Vorbereitungen: –

❯❯ Forscherstation 2: Vögel, die nicht mehr fliegen!?

Kopieraufwand:
in Klassenstärke: Informationsseite 1
in ausreichender Anzahl: Stationszettel, Informationsseite 2, Versuch „Ölpest im Wasserglas", Forscherauftrag spezial, Hilfeseiten und Lösungsvorschläge
Sonstige Vorbereitungen:
Internetzugang ermöglichen oder Podcast vorab herunterladen
Utensilien für den Versuch bereitstellen:
2 Bechergläser, 100 ml Wasser, 1 Löffel, 2 (künstliche) Federn und Roh- oder Motoröl (für jede Gruppe), Einmalhandschuhe (für jeden Schüler), Behälter zur sachgerechten Entsorgung

---

[1] Entscheiden Sie bei der Angabe „in ausreichender Anzahl" jeweils selbst, wie viele Kärtchen bzw. Abzüge benötigt werden. Orientieren Sie sich dabei an der Klassengröße, der Anzahl an Gruppen und der Erwartung, wie viele Gruppen möglicherweise gleichzeitig dieselbe Station bearbeiten.

Lerntheke Klima- und Umweltschutz

I. Lehrermaterial

Aufgabe 2: Versuch „Ölpest im Wasserglas"

Um die Sicherheit der Schüler zu gewährleisten und eine Umweltbelastung zu verhindern, sind folgende Vorgaben zu beachten:

- Der Versuch sollte auf einem Tablett oder einem gut abwaschbaren Tisch ausgeführt werden.
- Zur Portionierung des Öls sollten Löffel benutzt werden, die nach dem Gebrauch ebenfalls entsorgt werden können.
- Weiter sollte man den Schülern Gefäße zur Verfügung stellen, in denen sowohl die Flüssigkeiten als auch die im Versuch genutzten Federn, Einweg-Handschuhe und Löffel gesammelt werden können. Diese Gefäße müssen zur Entsorgung an entsprechende Stellen weitergeleitet werden. Hilfe kann hier die örtliche Feuerwehr oder der Gefahrstoffbeauftragte des Kollegiums leisten.
- Statt des Rohöls kann auch herkömmliches Motorenöl genutzt werden. Fragen hierzu können ebenfalls an den Gefahrstoffbeauftragten gerichtet werden.

Forscherauftrag spezial:

Die Links zu dieser Aufgabe sollten von der Lehrperson überprüft und gegebenenfalls ergänzt oder ausgetauscht werden. Sollten es die technischen Voraussetzungen nicht zulassen, dass die Schüler online recherchieren, ist diese Aufgabe nicht durchführbar.

❯❯ Forscherstation 3: Waldtiere ohne Heimat!?

Kopieraufwand:
in Klassenstärke: Forscherauftrag 1
in ausreichender Anzahl: Stationszettel, Informationsseiten 1–3, Forscherauftrag 2, Forscherauftrag spezial, Hilfeseiten und Lösungsvorschläge
Sonstige Vorbereitungen: –

❯❯ Forscherstation 4: Wildschweine in der Stadt!?

Kopieraufwand:
in Klassenstärke: Informationsseite 1, Forscherauftrag 1
in ausreichender Anzahl: Stationszettel, Informationsseiten 2–4, Forscherauftrag spezial, Hilfeseiten und Lösungsvorschläge
Sonstige Vorbereitungen: Internetzugang ermöglichen oder dreimal die Broschüre „Müllkippe Meer" bereitlegen

Aufgabe 6: Broschüre „Müllkippe Meer"

Die Schüler werden dazu angehalten, auf der Internetseite des Naturschutzbundes Deutschland e.V. die Broschüre „Müllkippe Meer" durchzulesen. Sollten es die technischen Voraussetzungen nicht zulassen, dass die Schüler online recherchieren, sollte die Lehrperson die Broschüre vorab herunterladen und mindestens dreimal ausgedruckt zur Verfügung stellen.
Link: https://www.nabu.de/imperia/md/content/nabude/meeresschutz/220720_muellkippe_meer.pdf

Forscherauftrag spezial:

Die Links in der Hilfestellung zu dieser Aufgabe sollten von der Lehrperson überprüft und gegebenenfalls ergänzt oder ausgetauscht werden. Sollten es die technischen Voraussetzungen nicht zulassen, dass die Schüler online recherchieren, könnte die Lehrperson die Inhalte der aufgeführten Links vorab ausdrucken und bereitlegen.

I. Lehrermaterial

❱❱ Forscherstation 5: Die Kuh ist schuld!?

Kopieraufwand:
in Klassenstärke: Forscherauftrag, Informationsseite 2
in ausreichender Anzahl: Stationszettel, Informationsseiten 1 + 3, Forscherauftrag spezial, Hilfeseiten und Lösungsvorschläge
Sonstige Vorbereitungen: Internetzugang ermöglichen

Forscherauftrag spezial:

Auf der Hilfeseite sind zwei Internetlinks angegeben. Sollten es die technischen Voraussetzungen nicht zulassen, dass die Schüler online nachschlagen, sollte die Lehrperson die Informationen vorab herunterladen und mindestens dreimal ausgedruckt zur Verfügung stellen.
Link 1: http://www.bund.net/themen/landwirtschaft/folgen-fuer-das-klima/konventionell-vs-oeko/
Link 2: https://www.planet-wissen.de/gesellschaft/landwirtschaft/anbaumethoden/pwieoekologischeranbau100.html

❱❱ Wahlstation 1: Der ökologische Fußabdruck

Kopieraufwand:
in Klassenstärke: –
in ausreichender Anzahl: Stationszettel
Sonstige Vorbereitungen: Internetzugang ermöglichen

Sollten es die technischen Voraussetzungen nicht zulassen, dass die Schüler selbstständig im Internet arbeiten, ist diese Station nicht durchführbar.

❱❱ Wahlstation 2: Das „Utopia-Haus"

Kopieraufwand:
in Klassenstärke: –
in ausreichender Anzahl: Stationszettel
Sonstige Vorbereitungen: weitere Materialien (z. B. Zeitschriften, alte Zeitungen, Natur- oder Bastelmaterialien) zur Verfügung stellen (optional)

❱❱ Wahlstation 3: Das Klima- und Umweltschutzspiel

Kopieraufwand:
in Klassenstärke: –
in ausreichender Anzahl: sämtliche Materialien
Sonstige Vorbereitungen: Informationskarten und Energiechips vorab laminieren und zuschneiden, Spielfeld laminieren (optional)

❱❱ Wahlstation 4: Gewinner und Verlierer – Verheerende Folgen

Kopieraufwand:
in Klassenstärke: –
in ausreichender Anzahl: sämtliche Materialien
Sonstige Vorbereitungen: –

I. Lehrermaterial

Erwartungshorizonte zu den Forscherstationen

Forscherstation 1 – Ursachen

Erwartungshorizont

Die Eisbären sind in Gefahr, weil …
- das Meereis der Pole schmilzt.
- die CO_2-Emissionen zu hoch sind.
- die Erderwärmung voranschreitet.
- die Eisbären eine kürzere Jagdzeit haben.

Forscherstation 2 – Ursachen

Erwartungshorizont

Erdölgewinnung und -nutzung ist gefährlich, weil …
- die Umwelt durch das Errichten neuer Erdölanlagen zerstört wird.
- Öllecks an Bohrleitungen der Umwelt Schaden zufügen.
- bei der Verbrennung von Erdöl CO_2 ausgestoßen wird.
- Öltanker und -lastwagen verunglücken können.

Forscherstation 3 – Ursachen

Erwartungshorizont

Der Wald ist bedroht, weil …
- die Baumbestände in Monokulturen nicht wind- und sturmfest sind.
- für Rinderhaltung große Teile des Regenwaldes abgeholzt werden.
- der Bedarf an dem Rohstoff Holz immer mehr zunimmt.
- kaum unberührte Naturwälder in Deutschland existieren, in denen große Wildtiere leben können.

Forscherstation 4 – Ursachen

Erwartungshorizont

Die Wildtiere sind vom Müll bedroht, weil …
- sie Kunststoffteile mit Nahrung verwechseln und daran sterben.
- sie durch ihn in Wohngebiete gelockt werden, in denen sie gefährdet sind.
- Vögel ihre Nester mit Kunststoffteilen ausbauen, die dazu führen, dass die Nester voll Regenwasser laufen, das nicht abfließen kann. Speziell Jungvögel laufen dadurch Gefahr, im eigenen Nest zu ertrinken.

Forscherstation 5 – Ursachen

Erwartungshorizont

Die Landwirtschaft bedroht das Klima und unsere Umwelt, weil …
- sie viel CO_2 freisetzt.
- durch den Dünger viel Lachgas freigesetzt wird.
- Methan-Emissionen aufgrund des leistungsfördernden Futters zunehmen.

I. Lehrermaterial

Forscherstation 1 – Lösungsansätze
Erwartungshorizont

Man sollte …
- weniger CO_2 freisetzen.
- mehr Elektroautos fahren.
- weniger mit dem Auto oder Roller fahren und mehr zu Fuß gehen, mit dem Fahrrad fahren oder öffentliche Verkehrsmittel nutzen.

Forscherstation 2 – Lösungsansätze
Erwartungshorizont

Man sollte …
- weniger Erdöl verbrauchen.
- nachwachsende Rohstoffe fördern.
- alternative Energien nutzen.
- mit Holz heizen statt mit Heizöl.
- weniger Kunststoffprodukte verwenden.

Forscherstation 3 – Lösungsansätze
Erwartungshorizont

Man sollte …
- Mischwälder anpflanzen.
- Holz aus der Region und nicht aus dem Regenwald kaufen.
- den Papierverbrauch, z. B. Toilettenpapier, verringern.
- Recyclingpapier verwenden.
- Rindfleisch aus der Region oder zumindest aus Europa kaufen.
- Naturwälder fördern und diese miteinander verbinden.

Forscherstation 4 – Lösungsansätze
Erwartungshorizont

Man sollte …
- seinen Müll nicht achtlos wegwerfen, sondern in die Abfallentsorgung geben.
- Wildtiere in Stadtnähe nicht füttern.
- Biomüll in verschlossenen Behältern aufbewahren.
- Müllsammelaktionen durchführen.

Forscherstation 5 – Lösungsansätze
Erwartungshorizont

Man sollte …
- ökologische Landwirtschaftsbetriebe unterstützen, indem man ihre Produkte kauft.
- dem verschwenderischen Umgang mit Milch und Milchprodukten entgegenwirken.
- Landwirte fördern, die umweltfreundlich arbeiten und Elektromaschinen nutzen.

II. Organisationsmaterial

Regeln für die Arbeit an der Lerntheke

Wir …

▶ bearbeiten die Forscherstationen **vor** den Wahlstationen.

▶ gehen **sorgsam** mit den Materialien um.

▶ **räumen** die Stationen vor dem Verlassen wieder **auf**.

▶ beachten die **Reihenfolge** der Aufgaben.

▶ sorgen für eine **ruhige** Lernatmosphäre.

II. Organisationsmaterial

Anforderungen an die Arbeit mit der Lerntheke

1. Mitarbeit während der Unterrichtszeit

- ▶ Pünktlichkeit
- ▶ Vollständigkeit der Arbeitsmaterialien
- ▶ Mitarbeit in der Gruppe
- ▶ umsichtiges Arbeiten in der Gruppe
- ▶ ruhiges Arbeiten in der Gruppe
- ▶ Einbringen kreativer Ideen
- ▶ Auf- und Abbau der Stationen
- ▶ Bereitschaft zur Erledigung von Sonderaufgaben

2. Lerntagebuch: Klimaheft

▶ Vollständigkeit
  (Gruppenergebnisse und Ergebnisse jedes Gruppenmitglieds)

▶ Reihenfolge

▶ Sauberkeit

▶ besondere Leistungen

II. Organisationsmaterial

Stationsschilder

Forscherstation 1

Der Eisbär in Gefahr!?

Forscherstation 2

Vögel, die nicht mehr fliegen!?

II. Organisationsmaterial

Stationsschilder

Forscherstation 3

Waldtiere ohne Heimat!?

Forscherstation 4

Wildschweine in der Stadt!?

II. Organisationsmaterial

Stationsschilder

Forscherstation 5

Die Kuh ist schuld!?

Wahlstation 1

Der ökologische Fußabdruck

II. Organisationsmaterial

Stationsschilder

Wahlstation 2

Das „Utopia-Haus"

Wahlstation 3

Das Klima- und Umweltschutzspiel

Wahlstation 4

Gewinner und Verlierer
– Verheerende Folgen

II. Organisationsmaterial

Laufzettel

Station	erledigt	Das habe ich gelernt	Daran möchte ich noch weiterarbeiten
Forscherstation 1 Der Eisbär in Gefahr!?			
Forscherstation 2 Vögel, die nicht mehr fliegen!?			
Forscherstation 3 Waldtiere ohne Heimat!?			
Forscherstation 4 Wildschweine in der Stadt!?			
Forscherstation 5 Die Kuh ist schuld!?			
Wahlstation 1 Der ökologische Fußabdruck			
Wahlstation 2 Das „Utopia-Haus"			
Wahlstation 3 Das Klima- und Umweltschutzspiel			
Wahlstation 4 Gewinner und Verlierer – Verheerende Folgen			

Lerntheke Klima- und Umweltschutz

Hinführung zur Lerntheke: Die Zukunft vorhersagen

Textblatt

EA Lies die folgende Zeitungsmeldung aufmerksam.

Wetter extrem – Australien hält den Atem an!

Innerhalb kürzester Zeit wird der Kontinent von extremen Wettererscheinungen heimgesucht – Menschen in Todesangst

Auf dem australischen Kontinent kommt es in diesen Tagen zu extremen Wettererscheinungen.
Nachdem es in Tasmanien, welches für seine frische Kühle in den Sommermonaten bekannt ist, zu Waldbränden und extremen Hitzewellen gekommen ist, erwartet man in der Hafenstadt Hobart nun Temperaturen bis zu 41° C. Hobart gilt als Ausgangspunkt für Expeditionen in die Antarktis und verzeichnet üblicherweise im Sommer Temperaturen um die 22° C. Auch für Sydney werden Rekordtemperaturen vorhergesagt.
Währenddessen kämpfen die Menschen im Osten Australiens mit immer wiederkehrenden Tornados und Überschwemmungen. Sie müssen vor den Wassermassen fliehen und werden im Notfall aus der Luft gerettet.
Die extremen Temperaturen in Tasmanien gelten als stärkste australische Hitzewelle seit Beginn der Wetteraufzeichnungen, während das Hochwasser in Brisbane – im Osten Australiens – Erinnerungen an den Januar 2011 wachruft. Die Überflutungen damals galten als schlimmste Naturkatastrophe in der Geschichte Australiens.
Wissenschaftler vermuten als Grund für die sich häufenden Wetterextreme den schon länger prophezeiten Klimawandel.

Hinführung zur Lerntheke: Die Zukunft vorhersagen

Du bist ein Wahrsager (1)

Du bist ein Wahrsager. Einer deiner Kunden hat den Zeitungsartikel gelesen und möchte nun von dir wissen:

Was passiert auf der Erde in den nächsten 65 Jahren?

Du blickst in deine Kugel …

- Köln liegt am Meer
- Leben auf neuen Planeten
- mehr Hautkrebserkrankungen
- Essen aus dem Drucker
- Eisbären greifen Fischer an
- Klopapier besteht aus Plastik
- Autos fahren mit Solarenergie

EA Erstelle eine eigene Gedanken-Landkarte (Mindmap) mit allen Ideen und Visionen, die dir einfallen.

PA Vergleicht zu zweit eure Gedanken-Landkarten und ergänzt sie.

Fasst eure Landkarten in einer Kleingruppe auf einem leeren DIN-A4-Blatt zusammen. Das Ergebnis kann später als Gliederung für eure Präsentation dienen.

Hinführung zur Lerntheke: Die Zukunft vorhersagen

Du bist ein Wahrsager (2)

Dein Kunde stellt dir weiter folgende Fragen:

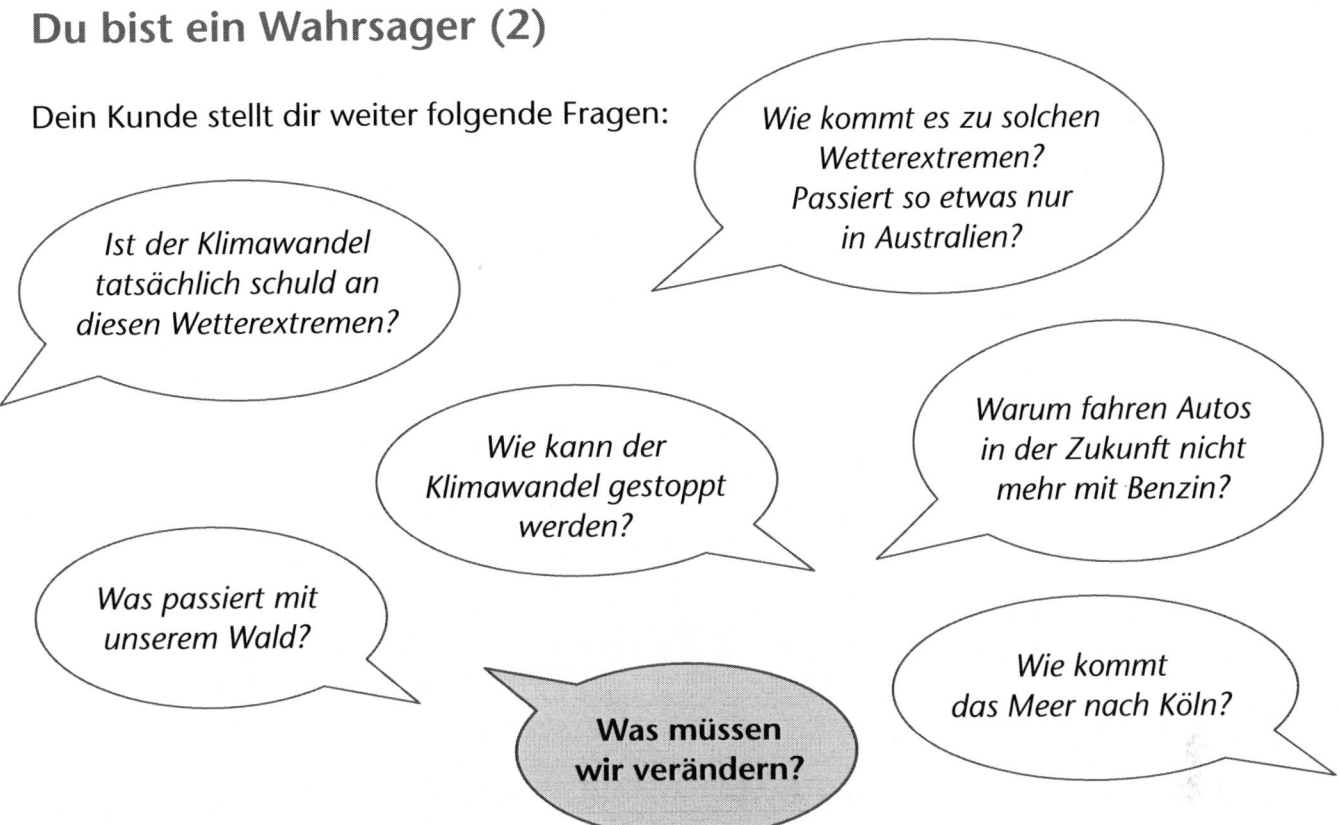

- Ist der Klimawandel tatsächlich schuld an diesen Wetterextremen?
- Wie kommt es zu solchen Wetterextremen? Passiert so etwas nur in Australien?
- Wie kann der Klimawandel gestoppt werden?
- Warum fahren Autos in der Zukunft nicht mehr mit Benzin?
- Was passiert mit unserem Wald?
- Wie kommt das Meer nach Köln?
- Was müssen wir verändern?

Nur wenige der Fragen kannst du direkt beantworten.
Jedoch ist speziell die letzte Frage für **deine/eure Zukunft** wichtig.

 Du und deine Mitschüler sollen an der folgenden Lerntheke Antworten auf diese oder ähnliche Fragen finden.
Erarbeitet im Team, was wir an unserem Leben verändern können/müssen/sollen, um das Klima und die Umwelt zu schützen.

Um alle nötigen Informationen zu erhalten, durchlauft ihr die **Forscherstationen** der Lerntheke in beliebiger Reihenfolge.

 An diesem Symbol erkennt ihr spezielle **Hilfeseiten**. Sie liegen bereit und unterstützen euch, wenn ihr nicht weiterwisst.

Eure Ergebnisse sammelt ihr und heftet sie ordentlich ab. So entsteht ein **Lerntagebuch**.

Anhand des **Laufzettels** könnt ihr feststellen, welche Stationen ihr bereits durchlaufen habt. Verwendet ihn als Deckblatt für euer Lerntagebuch.

Grundsätzlich gilt es, die **Regeln und Anforderungen an die Arbeit mit der Lerntheke** (siehe Plakate) einzuhalten.

Im Anschluss an die Lerntheke entwerft ihr eine **Präsentation** zu den Ergebnissen einer Forscherstation. Wählt dazu als Präsentationsform einen Kurzvortrag (gestützt durch Folien, z. B. PowerPoint-Präsentation), entwerft einen Podcast oder erstellt eine Broschüre.

Forscherstation 1: Der Eisbär in Gefahr!?

Stationszettel

An dieser Station sollt ihr herausfinden, warum der Eisbär in seinem Lebensraum bedroht ist und welche Gegenmaßnahmen ergriffen werden können.
Außerdem sollt ihr folgende **Kompetenzen** stärken:
- Informationen sinnvoll filtern und zusammenfassen
- Inhalte präsentieren
- Inhalte aus Sachtexten in geeigneten Darstellungen wiedergeben

So geht ihr vor:

EA 1. Jeder von euch liest eine der Informationsseiten 1–3 gründlich durch und unterstreicht Schlüsselwörter. Beachtet, dass die Informationsseiten in drei Stufen differenziert sind:

★ = leicht   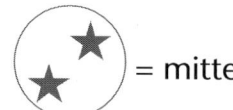 = mittel   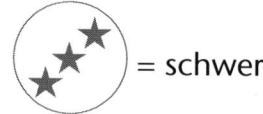 = schwer

EA 2. Erstellt einen Spickzettel zu eurem Informationstext. Achtet darauf, dass ihr nur das Wichtigste in Stichpunkten aufschreibt.

3. Präsentiert euch gegenseitig eure Ergebnisse.

4. Stellt den Nahrungsrhythmus des Eisbären mithilfe der gewonnenen Informationen bildlich dar.

5. Vermerkt in eurem Schaubild die Veränderungen innerhalb der letzten zwei Jahrzehnte mit einem farbigen Stift.

EA 6. Begründet schriftlich, warum der Eisbär in Gefahr ist.

EA 7. Kontrolliert mit den Lösungsvorschlägen eure Ergebnisse und heftet sie in euer Lerntagebuch.

8. Erarbeitet eure Beiträge zu Ursachenforschung (rote Kärtchen) und Lösungsmöglichkeiten (grüne Kärtchen). Werft sie anschließend in die entsprechende Box.

9. Entscheidet gemeinsam, ob ihr die Zusatzaufgabe *Forscherauftrag spezial* lösen wollt.

Forscherstation 1: Der Eisbär in Gefahr!?

★ Informationsseite 1

Eisbären suchen verzweifelt nach Nahrung

Die Eisbären in Kanada müssen um ihr Überleben kämpfen: In Churchill, Kanada, ist ihre Zahl angeblich um rund 50 Prozent geschrumpft. Aufgrund schmelzender Eismassen fehlen den Tieren drei Wochen Jagdzeit, um Fettreserven aufzubauen.

Die kanadischen Eisbären ernähren sich vor allem von
5 den Robben in der Hudson Bay:
Im arktischen Winter (November bis März), wenn die Bucht zugefroren ist, gehen sie hinaus aufs Eis und warten geduldig, bis eine Robbe zum Luftholen den Kopf aus dem Wasser streckt. Dann schlagen sie zu.
10 Den Rest des Jahres verbringen die Polarbären auf dem Festland – fastend, also ohne weitere Nahrung aufzunehmen.

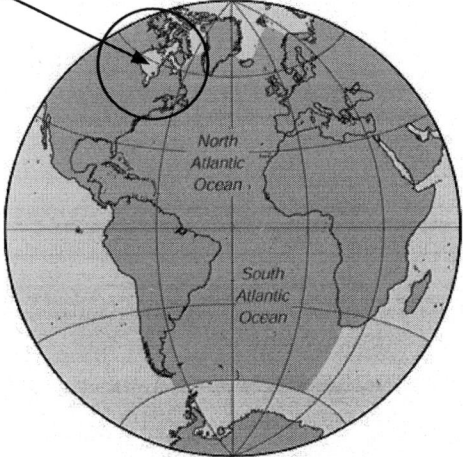

Doch mit dem Klimawandel hat sich für die Bären auch der Rhythmus von Fressen und Fasten verändert.
15 Das Eis friert später zu und taut früher wieder auf: Für die Eisbären bedeutet das, dass ihnen drei Wochen Jagdzeit fehlen – vor allem die Zeit im Frühjahr, wenn die Robben ihre Jungen werfen. „Robbenbabys sind für Eisbären eine leichte Beute", betont Bonnie Chartier, die Touristen in Churchill zu den Aufenthaltsorten der Bären führt. Den Bären setzt die kürzere Jagdperiode mächtig zu. Sie können nicht genug
20 Gewicht zulegen, um die ganze Fastenzeit zu überstehen.

Der Biologe Brad Josephs aus Churchill stellt weiter fest, dass manche Leute behaupten, sie sähen 50 Eisbären am Tag, was bedeuten würde, dass deren Zahl gar nicht zurückgehe. Das stimmt jedoch nicht: „Ein Grund, warum man so viele Bären rund um Churchill sieht, ist deren verzweifelte Suche nach Nahrung – weil sie nicht mehr so
25 viel Zeit haben, um auf die Jagd zu gehen."

Forscherstation 1: Der Eisbär in Gefahr!?

Informationsseite 2

Der Klimawandel in der Arktis

Die Mehrheit der Menschen kennt Grönland als das Land des ewigen Eises. Doch es ist nicht unwahrscheinlich, dass sich dieses Bild innerhalb des nächsten Jahrhunderts verändern wird, da die Arktis besonders vom Klimawandel betroffen ist. Warum sie sich schneller erwärmt als der Rest der Welt, lässt sich leicht erklären. Verschwindet das Eis, entsteht mehr dunkle Oberfläche auf dem Meer, weshalb nur ein kleinerer Teil der Sonnenstrahlen direkt reflektiert wird. Dadurch erwärmt sich die Erdoberfläche in immer größerem Maße und das restliche Eis schmilzt noch schneller – ein sich selbst verstärkender, gefährlicher Kreislauf!

So sind weitreichende Auswirkungen auf die Tier- und Pflanzenwelt zu erwarten: Das in einer Region herrschende Klima legt fest, wie sich ein Ökosystem entwickelt. Viele Tierarten können nur bei bestimmten Temperaturen überleben. Wird dieser Temperaturbereich durch die Erderwärmung verändert, ist es nicht zu verhindern, dass einige dieser Arten vom Aussterben bedroht werden.

Den Mittelpunkt der Arktis bildet kein Festland, sondern das Nordpolarmeer, welches vielen Tieren als Geburts- und Aufzuchtsort für ihre Jungen dient und dabei gleichzeitig Schutz und Mobilität bedeutet. Durch den stetigen Rückgang des Eises wird also den dort lebenden Tieren, z. B. den Robben, ihre Lebensgrundlage genommen. Wenn das Eis zu früh im Jahr schmilzt, können sie ihre Jungen nicht lange genug aufziehen und auf das Überleben in der Wildnis vorbereiten.

Die zurückgehende Eisdecke hat auch drastische Folgen für die Eisbären, da ihnen immer weniger Zeit bleibt, junge Robben zu jagen, die ein willkommenes und lebensnotwendiges Fressen darstellen.

Forscherstation 1: Der Eisbär in Gefahr!?

 **Informationsseite 3**

Das Eis in der Arktis schmilzt auf Rekordminimum

Von April bis September herrscht in der Arktis Tauwetter. Die Packeisfläche wird dann zusehends kleiner. Anfang September erreicht das Eis schließlich seine minimale Ausdehnung. Seit 1978 können Forscher diese mithilfe von Satelliten exakt bestimmen. Die Messungen ergeben seither einen stetigen Rückgang des Eises in der Arktis
5 (Durchschnittswert je Jahrzehnt). Mit nur noch durchschnittlich 4,24 Millionen Quadratkilometern ist das sommerliche Eis seit den 1970er Jahren um 50 Prozent zurückgegangen. Im Sommer 2012 war das Meereis auf ein neues Rekordminimum geschmolzen.

Herrn Georg Heygster vom Institut für Umweltphysik an der Universität Bremen
10 zufolge sei diese Entwicklung nicht mehr durch natürliche Schwankungen von Jahr zu Jahr zu erklären. Sie zeige vielmehr, welche gravierenden Auswirkungen der Klimawandel auf die Arktis habe.

Im Sommer 2020 gab es einen weiteren Negativrekord. Von der Universität Bremen veröffentlichte Zahlen belegen, dass das Eis in diesem Jahr die zweitkleinste Fläche seit
15 Beginn der Satellitenmessungen hatte.

Das Eis ist verantwortlich für die Reflektion des Sonnenlichtes, den Austausch von Wärme und Feuchtigkeit sowie für die Verdunstung von Wasser. Ein Rückgang von 8% der gesamten Meereisbedeckung wurde beobachtet – immerhin eine Fläche größer als Norwegen, Schweden und Dänemark zusammen. Es wird vermutet, dass bis zum
20 Jahre 2100 weitere 50% des Eises verschwinden.

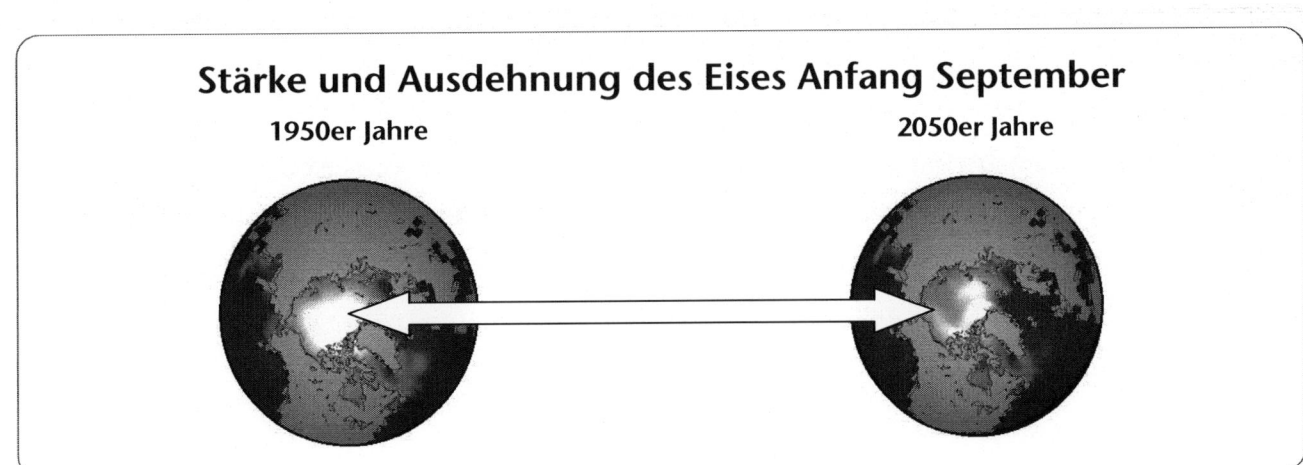

Forscherstation 1: Der Eisbär in Gefahr!?

Forscherauftrag spezial

Lest den Text auf der Informationsseite und betrachtet die Fotos des Grinnell Gletschers im Glacier Nationalpark (USA) und des Nördlichen Schneeferners auf der Zugspitze.

1. Beschreibt die Veränderungen und erklärt, warum der Gletscher sich so entwickelt hat.
2. Überlegt, welche Folgen sich für die Bewohner im Einzugsgebiet des Gletschers ergeben.

Lerntheke Klima- und Umweltschutz

Forscherstation 1: Der Eisbär in Gefahr!?

Forscherauftrag spezial – Informationsseite

Gletscher auf dem Rückzug

Immer wieder gab es Zeiten in der Erdgeschichte, in denen das Klima in weiten Teilen der Erde sehr kalt war. In diesen kalten Perioden bildeten sich riesige Gletscher – vor allem in den Gebirgen. Ab einer bestimmten Stärke beginnen Gletscher – von der Schwerkraft angezogen – ins Tal zu wandern. Sie ähneln dann einem sehr langsamen
5 Fluss aus Eis.
In den Gletschern sind große Mengen an Süßwasser gespeichert. Im Sommer, wenn ein kleiner Teil des Gletschereises schmilzt, versorgt das Schmelzwasser die Flüsse in den Tälern.

Der Grinnell Gletscher im Jahr 1938 und heute

Auch in den Alpen zeigen sich die Folgen des Klimawandels sehr deutlich an den Glet-
10 schern. War um 1820 noch das komplette Zugspitzplatt vergletschert, ging der größte der drei Gletscher, der Nördliche Schneeferner bis ins Jahr 1979 von über 60 ha auf 40,9 ha zurück. Bis zum Jahr 2023, also 44 Jahre später, verringerte sich seine Fläche sogar auf etwa 16 ha. Tendenz weiter fallend …

Der Nördliche Schneeferner

Forscherstation 1: Der Eisbär in Gefahr!?

Hilfestellung zu den Aufgaben 4 und 5

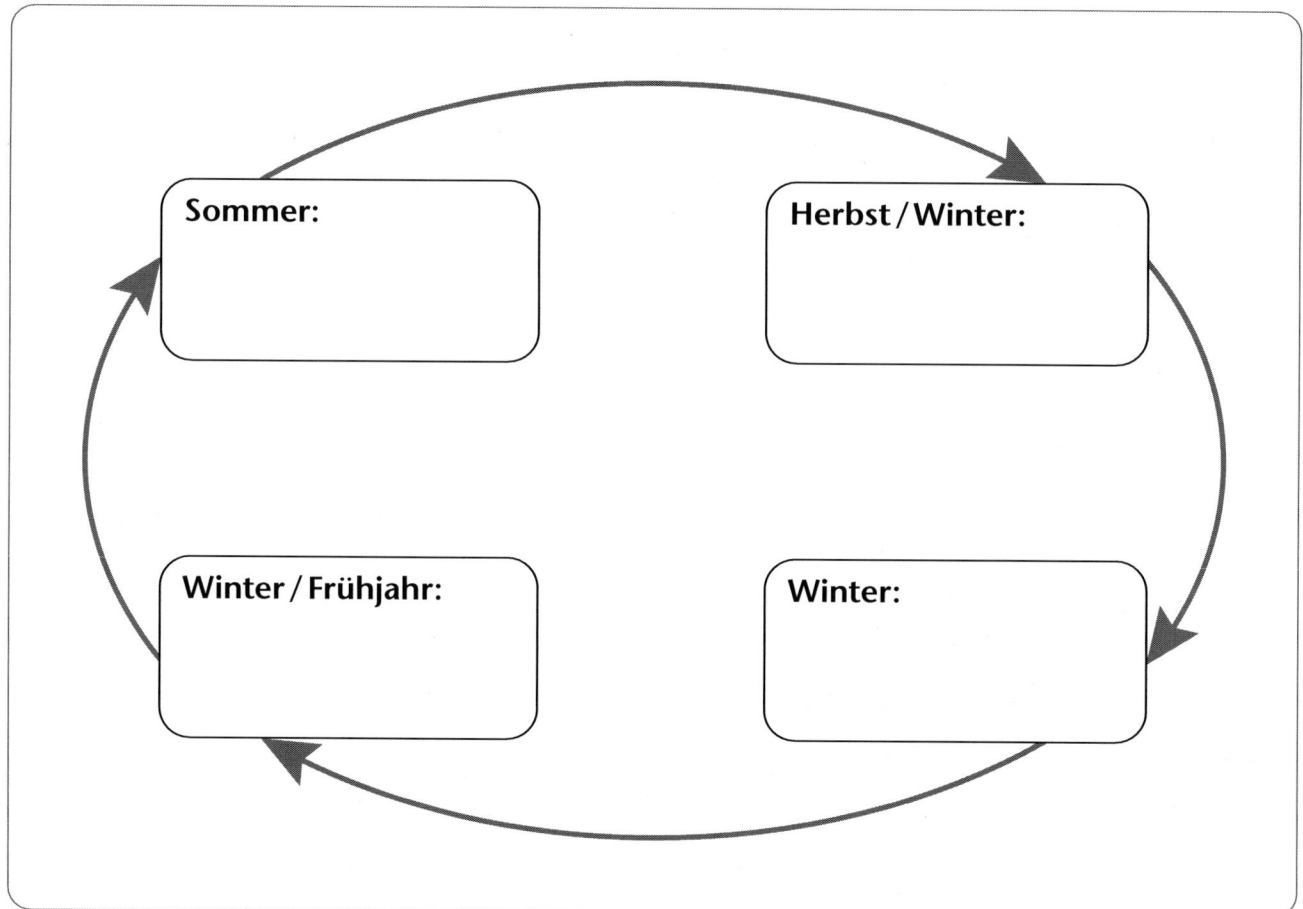

Forscherstation 1: Der Eisbär in Gefahr!?

Hilfestellung zum *Forscherauftrag spezial*

2. … → Erdrutsche und Steinschlag → …

   … → Lebensraum verändert sich → …

   … → Lawinenabgänge → …

   … → Skigebiete ohne natürlichen Schnee →

   …

   …

Forscherstation 1: Der Eisbär in Gefahr!?

Lösungsvorschlag zu den Aufgaben 4 und 5

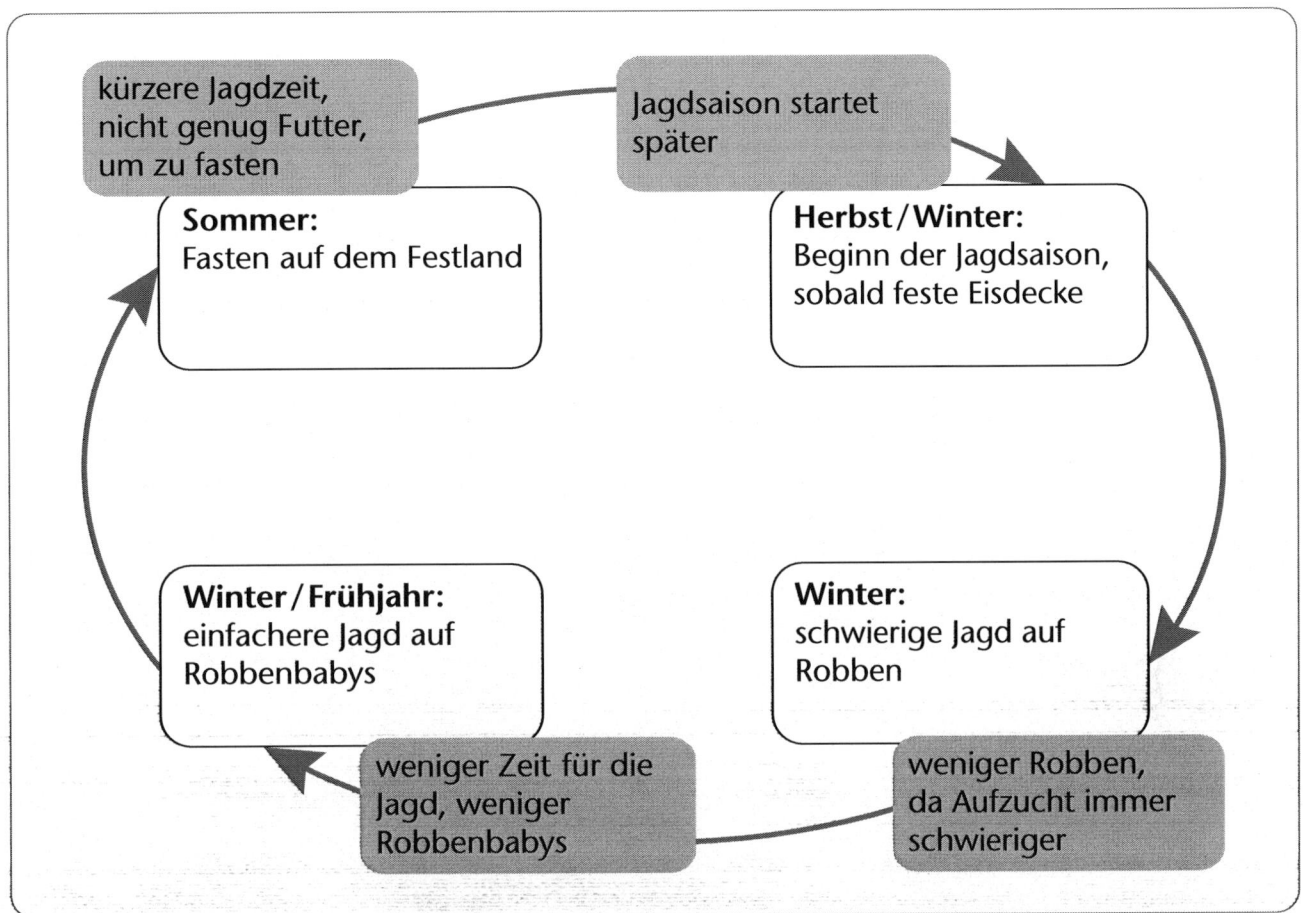

Forscherstation 1: Der Eisbär in Gefahr!?

Lösungsvorschlag zu Aufgabe 6

Durch die Erderwärmung, welche auf die hohen CO_2-Emissionen zurückzuführen ist, schmilzt das Meereis der Arktis. Der Eisbär hat also eine kürzere Jagdzeit. Denn einerseits dauert es länger, bis das Eis im Winter fest wird und andererseits wird es früher wieder brüchig.
Außerdem können die Robben ihren Nachwuchs nicht mehr lange genug aufziehen, da auch sie festes Eis benötigen. Es gibt deswegen immer weniger Robben und dadurch immer weniger Futter für die Eisbären.

 **Forscherstation 1:** Der Eisbär in Gefahr!?

Lösungsvorschlag zum *Forscherauftrag spezial*

1. Das Eis des Grinnell Gletschers ist fast vollständig geschmolzen. Auf der neueren Aufnahme ist an vielen Stellen, die im Jahr 1938 noch mit Eis bedeckt waren, der Fels zu sehen. Es hat sich sogar ein kleiner See mit Schmelzwasser gebildet.
Auch der Nördliche Schneeferner auf der Zugspitze hat sich im Laufe der Zeit stark zurückgezogen.
Verantwortlich für diese Veränderungen ist vor allem die Erderwärmung, welche auf die hohen CO_2-Emissionen zurückzuführen ist. Industrie, Verkehr, Haushalte, öffentliche Einrichtungen und viele weitere tragen zu der hohen Kohlenstoffdioxid-Abgabe bei.

2.
   - Die starke Gletscherschmelze kann zu erhöhter Lawinengefahr führen.
   - Die Eismassen speisen im Sommer die Flüsse im Tal. Wenn sehr viel Eis schmilzt, kann es zu Überschwemmungen in den Tälern kommen.
   - Außerdem können Erdrutsche ausgelöst werden, wenn viel Wasser von den Bergen in die Täler fließt.
   - Auch das Eis, das sich in Felsspalten befindet, schmilzt. So können Felsstücke abbrechen und es kann zu Steinschlag kommen.
   - Der Fels wird brüchiger, schon bei starkem Regen kann dies zu Steinschlag führen.
   - Für die Tiere und Pflanzen der Bergregionen bedeutet die Gletscherschmelze, dass sich ihre Lebensräume verändern. Sie müssen sich entweder den neuen Bedingungen anpassen oder Lebensräume aufgeben.
   - Bleiben Skigebiete ohne natürlichen Schnee, müssen die häufig vom Tourismus lebenden Anwohner Schnee künstlich erzeugen. Das verbraucht sehr viel Energie und Wasser. Sogar der Grundwasserspiegel kann absinken.

Forscherstation 2: Vögel, die nicht mehr fliegen!?

Stationszettel

An dieser Station sollt ihr herausfinden, welche Gefahren mit der Gewinnung und Verarbeitung von Erdöl verbunden sind und welche Gegenmaßnahmen ergriffen werden können. Außerdem sollt ihr folgende **Kompetenzen** stärken:

- einen Versuch durchführen und bewerten
- Wissen vernetzen
- Daten aus einem Schaubild entnehmen

So geht ihr vor:

EA 1. Jeder von euch liest die Informationsseite 1 gründlich durch und unterstreicht Schlüsselwörter.

2. Führt den Versuch „Ölpest im Wasserglas" durch und schließt daraus, welche Folgen Erdöl für Vögel und andere Lebewesen haben kann.

3. Erinnert euch an das Nahrungsnetz des Meeres. Welche weiteren Folgen könnte das Rohöl für die Lebewesen des Meeres haben?

4. Lest euch die Kurzinformationen (Informationsseite 2) durch und erstellt gemeinsam ein Schaubild. Zeichnet oder schreibt hierzu auf, welche Risiken die Gewinnung und Verarbeitung von Rohöl in sich birgt. Ergänzt außerdem, welche Gefahren von Produkten aus Erdöl ausgehen können.

EA 5. Kontrolliert mit den Lösungsvorschlägen eure Ergebnisse und heftet sie in euer Lerntagebuch.

6. Erarbeitet eure Beiträge zu Ursachenforschung (rote Kärtchen) und Lösungsmöglichkeiten (grüne Kärtchen). Werft sie anschließend in die entsprechende Box.

7. Entscheidet gemeinsam, ob ihr die Zusatzaufgabe *Forscherauftrag spezial* lösen wollt.

Forscherstation 2: Vögel, die nicht mehr fliegen!?

Informationsseite 1

Ölpest im Golf von Mexiko

Nach der Explosion der Ölbohrplattform *Deepwater Horizon* im Jahre 2010 strömten etwa 800 Liter Öl 87 Tage lang ungehindert in den
5 Golf von Mexiko, was fatale Folgen für die Tier- und Pflanzenwelt hatte. Es ist bis heute eine der schlimmsten Umweltkatastrophen der Geschichte. Die Liste der Tiere, denen ins Meer
10 gelaufenes Öl zum Verhängnis wurde, reicht von winzigen Lebewesen auf dem Meeresboden bis hin zu riesigen Pottwalen. Hunderttausende von Vögeln und Fischen starben, hunderte von Meeressäugern, unzählige Krabben, Garnelen, Insekten und Kleinstlebewesen.

15 Trotz einer von Tierschützern groß angelegten Säuberungsaktion kamen geschätzt 600 000 Vögel ums Leben.

„Selbst wenn das Gefieder wieder sauber ist, können die Vögel an inneren Verletzungen sterben", sagt Greenpeace-Experte Bussau.

Denn verschmutzte Vögel würden versuchen, sich selbst vom Öl zu befreien.
20 Dabei nähmen sie die giftige Substanz auf und würden sich innere Organe verätzen.

„Die Gefiedersäuberung durch den Menschen hilft nur, wenn der Vogel das Öl noch nicht lange an sich trägt", sagt Bussau. Zudem könnten Vögel ihre Körpertemperatur nicht mehr regulieren, wenn das Gefieder verklebt sei. Sie
25 würden dann sehr leicht erfrieren.

Die Umweltfolgen dieser Ölpest sind bis heute spürbar. Einige Populationen brauchen möglicherweise noch Jahrzehnte, bis sie sich erholen.

Forscherstation 2: Vögel, die nicht mehr fliegen!?

Versuchsdurchführung:

Ihr benötigt zur Versuchsdurchführung:

- 2 Bechergläser
- Einmalhandschuhe
- 100 ml Wasser
- Öl
- 1 Löffel
- 2 (künstliche) Federn

1. Füllt je 50 ml Wasser in die Bechergläser.
2. Zieht die Einmalhandschuhe an und fügt einem Becherglas eine Löffelspitze Öl hinzu. **Achtung:** Das Öl nicht verschlucken oder in die Augen bekommen!
   Notiert eure Beobachtung.

_____

_____

3. Taucht eine Feder in das Becherglas mit Wasser.
   Notiert eure Beobachtung.

_____

_____

4. Taucht eine Feder in das Becherglas mit Wasser und Öl.
   Notiert eure Beobachtung.

_____

_____

_____

5. Welche Folgen könnt ihr aus den Beobachtungen ableiten?

_____

_____

_____

Das Becherglas mit Öl nicht in den Ausguss entleeren!
Federn, Löffel und Einweg-Handschuhe nicht in den Müll werfen,
sondern der Lehrperson übergeben!

Forscherstation 2: Vögel, die nicht mehr fliegen!?

Informationsseite 2

Eine Plastiktüte wird unter anderem aus Erdöl hergestellt. Viele Menschen nutzen die Tüten aber nur, um Lebensmittel oder Kleidung vom Geschäft nach Hause zu tragen und werfen sie dann in den Müll. Dabei bedenken die meisten Leute nicht, dass die Schätze unserer Erde begrenzt sind. Wissenschaftler haben errechnet, dass es in ein paar Jahrzehnten zum Beispiel kein Erdöl, kein Kupfer und kein Quecksilber mehr geben wird. Dann sind diese Rohstoffe endgültig aufgebraucht.

Aus Erdöl werden Treibstoffe wie Benzin oder Diesel sowie Heizöl hergestellt. In großen Raffinerien wird es aber auch zu zahllosen Chemikalien verarbeitet, aus denen man die unterschiedlichsten Dinge herstellen kann. Kunststoffe etwa werden mithilfe von Erdöl produziert. Daraus entstehen z. B. Telefone, Spielzeug und Haushaltsgeräte. Es gäbe ohne Erdöl auch keine Teppichböden, keine Gardinen, keine Farbe an den Wänden und keine Plastiktüten. Das ist aber noch längst nicht alles. Öl wird auch für Körperpflege und Kosmetik verwendet, selbst wenn sich das komisch anhört. Viele Seifen, Parfüms, Lippenstifte und Haarsprays sind Nebenprodukte der Erdölverarbeitung. Öl ist außerdem wichtig für den Straßenbau, zur Herstellung von Medikamenten und von Düngemitteln.

Erdöl ist kein unendlicher Rohstoff: Die bekannten Vorkommen sind fast ausgeschöpft. Große neue Öl-Felder wurden in den letzten Jahren nur wenige entdeckt – und wenn, dann nur in kaum zu erschließenden Gebieten wie der Arktis. Hinzu kommt das CO_2-Problem: Wenn Öl verbrannt wird, entsteht das klimaschädliche Gas Kohlenstoffdioxid.

… Große Teile der Konstruktion für die neue Bohrinsel stammen von einer Anlage, die früher in der Nordsee ihren Dienst tat. Umweltschützer befürchten, dass sie den widrigen Bedingungen nicht standhält. Immerhin türmen sich während der Hälfte des Jahres hier Eisschollen zum Teil haushoch auf dem Wasser …

Wie erfolgreich kann der Kampf gegen einen Ölunfall in der Dunkelheit der Polarnacht verlaufen? Welche Technik wäre überhaupt verfügbar, um gegen die Katastrophe zu kämpfen? Und wie würden die sensiblen Ökosysteme der Region eine Belastung mit Öl verkraften? Es ist offensichtlich, dass es in der Umgebung der Arktis weder die Technologie noch die Kapazitäten gibt, um auf Ölunfälle angemessen zu reagieren. Das ist nicht nur die Meinung von Umweltschützern – das ist ein anerkannter Fakt.

Neue Straßen, Flugplätze, Häfen und Industriegebiete müssen gebaut werden.

Der Öltanker „Prestige" sinkt vor der Küste Spaniens – 50 000 Tonnen Schweröl fließen in den Atlantik.

Daphne Lukas: Lerntheke Klima- und Umweltschutz
© Auer Verlag

Forscherstation 2: Vögel, die nicht mehr fliegen!?

Forscherauftrag spezial

Führt eine Internetrecherche durch.

1. Sucht folgende Kosmetikartikel im Internet und findet heraus, ob sie Erd- bzw. Mineralöle enthalten.
   - Lippenstift
   - Mascara
   - Lidschatten
   - Make-up
   - Rouge

2. Findet alternative Produkte, die kein Mineralöl enthalten.

3. Erklärt, warum immer mehr Produkte auch ohne Mineralöle produziert werden.

4. Erstellt ein Werbeplakat für eine neue Kosmetikfirma, die ausschließlich Produkte ohne Mineral- bzw. Erdöle herstellt und verkauft.

Folgende Links können euch helfen:
- http://www.manhattan.de
- http://www.essence.eu/de-de
- https://www.beyer-soehne.de/mineraloele-in-kosmetik-gut-oder-schlecht
- http://www.dieseifenkiste.net/files/boschuere.pdf
- http://www.yves-rocher.de

Forscherstation 2: Vögel, die nicht mehr fliegen!?

Hilfestellung zu Aufgabe 3

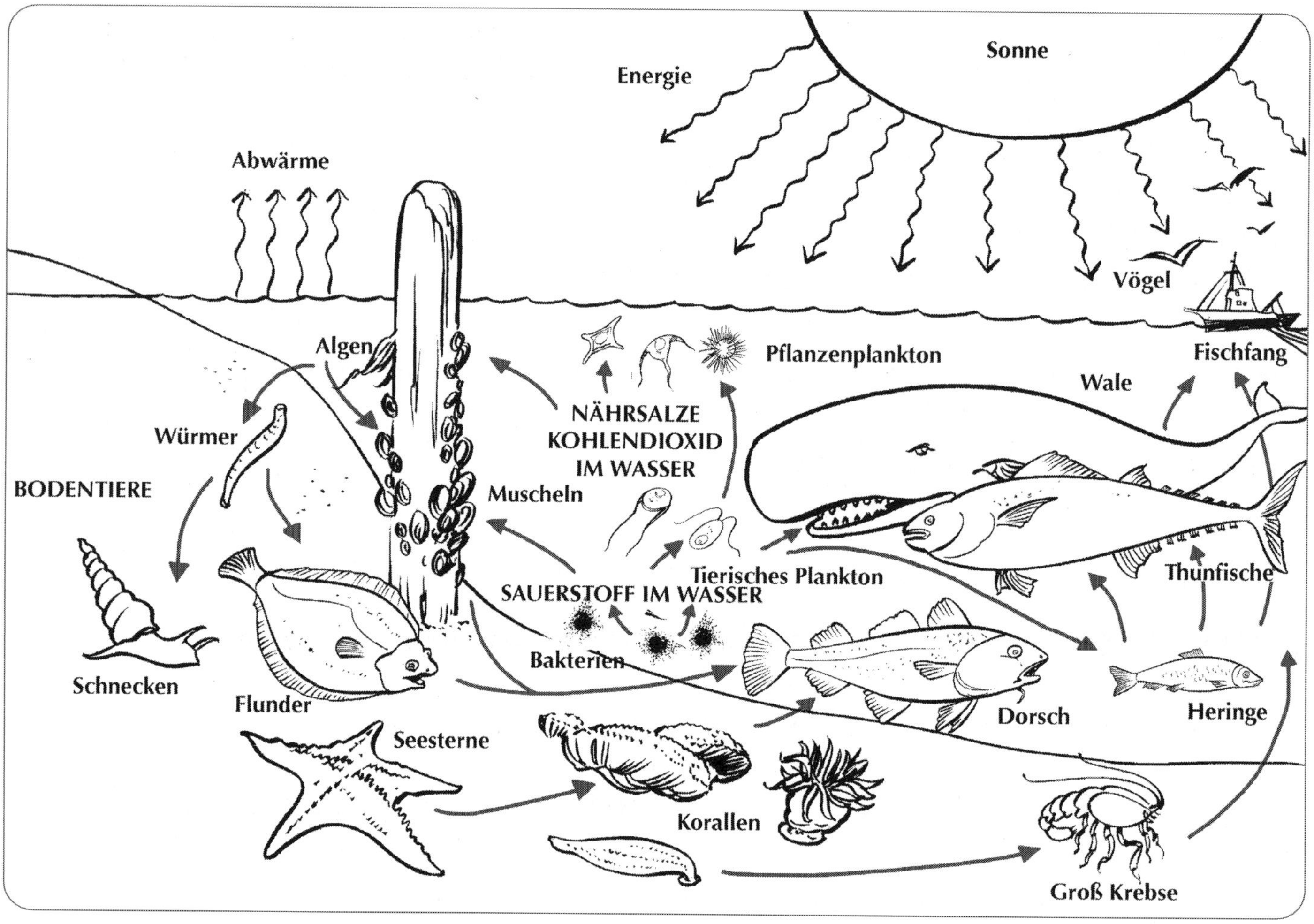

Forscherstation 2: Vögel, die nicht mehr fliegen!?

Hilfestellung zu Aufgabe 4

Forscherstation 2: Vögel, die nicht mehr fliegen!?

Lösungsvorschlag zu Aufgabe 2

- Die Vögel können an inneren Verletzungen sterben, denn verschmutzte Vögel versuchen, sich selbst vom Öl zu befreien und nehmen dabei die giftige Substanz auf. Sie verätzen sich so innere Organe.
- Die Vögel können ihre Körpertemperatur nicht mehr regulieren, wenn das Gefieder verklebt ist. Sie erfrieren dann leichter.
- Die Vögel können nicht mehr fliegen, da ihr Gefieder vom Öl verklebt ist.
- Die Nahrungssuche wird deutlich erschwert, da die Vögel durch die Verschmutzung eingeschränkt sind und auch ihre Beute verseucht ist.

Forscherstation 2: Vögel, die nicht mehr fliegen!?

Lösungsvorschlag zu Aufgabe 3

- Das Rohöl kann auf den Meeresboden sinken und dort Kleinstlebewesen, wie pflanzliches oder tierisches Plankton, schädigen.
- Wenn das Rohöl einem Lebewesen schadet, überträgt sich dies schnell auf weitere Arten, was mit dem Nahrungsnetz des Meeres zusammenhängt.
- Pflanzliches und tierisches Plankton stehen am Beginn des Nahrungsnetzes. Wenn sie geschädigt oder vergiftet werden, breitet sich dies auf weitere Lebewesen aus.

Forscherstation 2: Vögel, die nicht mehr fliegen!?

Lösungsvorschlag zu Aufgabe 4

Gefahren bei der Erdölgewinnung:
- Der Bau von Bohrinseln oder Raffinerien zerstört Lebensraum. Wälder müssen abgeholzt werden oder unberührte Natur den Maschinen weichen.
- Es kann zu Öllecks kommen, durch die die umgebende Natur geschädigt wird.
- Öltanker und -lastwagen können verunglücken.

Gefahren bei der Erdölverarbeitung:
- Bei der Raffinierung entstehen giftige Stoffe.
- Der Bau von Pipelines zerstört Naturflächen.

Gefahren durch Erdölprodukte:
- Plastiktüten o. Ä. werden aus Erdöl hergestellt und belasten als Müll die Umwelt.
- Benzin, Diesel und Heizöl setzen bei ihrer Verbrennung (Auto, Heizung) CO_2 frei.
- Erdöl ist begrenzt und daher wertvoll. In Zukunft wird dieser Rohstoff unter Umständen hart umkämpft.

Lerntheke Klima- und Umweltschutz

Forscherstation 3: Waldtiere ohne Heimat!?

Stationszettel

An dieser Station sollt ihr herausfinden, warum der Lebensraum Wald bedroht ist, welche Auswirkungen die Nutzung des Waldes auf die Umwelt und das Klima hat und welche Schutzmaßnahmen ergriffen werden können. Außerdem sollt ihr folgende **Kompetenzen** stärken:

- eine Mindmap erstellen
- Bilder auswerten
- Wissen vernetzen
- Karten lesen und bearbeiten

So geht ihr vor:

1. Der Wald ist für viele Menschen auf ganz unterschiedliche Art von Bedeutung. Überlegt anhand der Bilder auf der Informationsseite 1, wie Menschen den Wald nutzen.

2. Welche Anforderungen an den Wald ergeben sich aus den Wünschen und Berufen der Menschen? Erstellt eine Mindmap. Die Bilder auf der Informationsseite 1 geben dabei die passenden Oberbegriffe vor.

EA 3. Jeder von euch liest die Informationsseite 2 gründlich durch und bearbeitet den Forscherauftrag 1.

4. Vergleicht in der Gruppe eure Aufzeichnungen, besprecht und überarbeitet sie. Einigt euch auf eine gemeinsame Lösung.

5. Bearbeitet gemeinsam den Forscherauftrag 2.

6. Lest die Informationsseite 3 und erstellt ein (Regel-)Schild mit dem Titel „Richtiges Verhalten im Wald".

EA 7. Kontrolliert mit den Lösungsvorschlägen eure Ergebnisse und heftet sie in euer Lerntagebuch.

8. Erarbeitet eure Beiträge zu Ursachenforschung (rote Kärtchen) und Lösungsmöglichkeiten (grüne Kärtchen). Werft sie anschließend in die entsprechende Box.

9. Entscheidet gemeinsam, ob ihr die Zusatzaufgabe *Forscherauftrag spezial* lösen wollt.

Forscherstation 3: Waldtiere ohne Heimat!?

Informationsseite 1

Forscherstation 3: Waldtiere ohne Heimat!?

Informationsseite 2

Wald im Wandel

Vor fast 2 000 Jahren war der größte Teil Mitteleuropas von Urwäldern bedeckt, aber im Laufe der Jahrhunderte wuchs die Bevölkerung. Um Siedlungen anzulegen und um Acker- und Weideland zu gewinnen, rodete der Mensch mehr als die Hälfte des Urwaldes. Um 1800 löste eine geplante Forstwirtschaft die wilde Rodung ab. Aus dem
5 Urwald entstand der Forst. Für diese Wälder waren Förster verantwortlich, die nach wirtschaftlichen Gesichtspunkten Bäume anpflanzten. In dieser Zeit wurden sehr viele Nadelwälder angelegt, in denen nur Fichten oder Kiefern wuchsen. Waldbesitzer bevorzugten diese Bäume, da sie schon nach 70 bis 80 Jahren die dreifachen Holzerträge brachten wie 100-jährige Buchen. Laubwälder, in denen verschiedene Laub-
10 bäume wachsen, wurden deshalb nur selten angepflanzt. Auch heute besteht noch fast die Hälfte der Waldfläche in Deutschland aus Fichtenwäldern, da sie wirtschaftlich gesehen besonders ertragreich sind. Sehr klein ist dagegen der Anteil der artenreichen Mischwälder, in denen Nadelbäume und verschiedene Laubbäume nebeneinander wachsen.

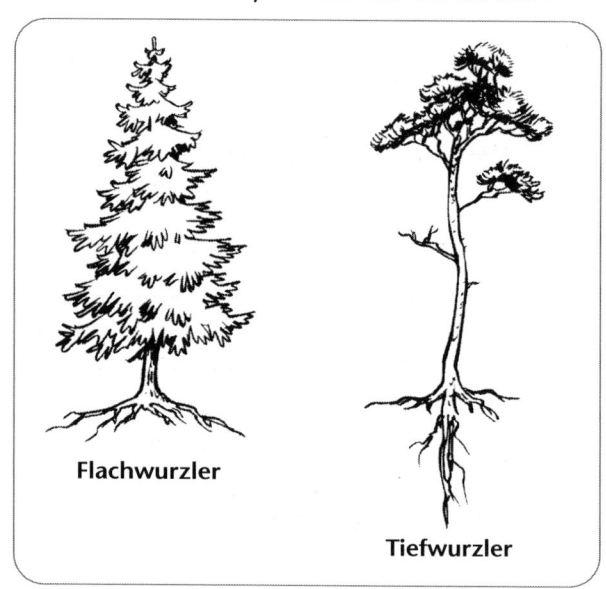

Flachwurzler

Tiefwurzler

15 Als am 13. November 1972 ein Orkan über Norddeutschland tobte, wurden fast 50 Millionen Bäume vom Sturm umgeworfen. Man plante, bei der Wiederaufforstung statt der eintönigen Nadelwälder auch artenrei-
20 chere Mischwälder anzupflanzen, die durch Stürme weniger gefährdet sind.
Im Januar 2007, also rund 35 Jahre später, wütete der Sturm Kyrill. Allein in Nordrhein-Westfalen fielen dem Sturm ca. 25 Millionen Bäume zum Opfer. Deutschlandweit waren es ungefähr doppelt so viele. Wo vorher dichter Fichtenwald zu sehen war, ent-
25 standen riesige Freiflächen. Die Bäume wurden entwurzelt, stürzten um oder knickten am Stamm ab. Benachbarte Laubmischwälder blieben dagegen von Sturmschäden verschont. Dies lässt sich ganz leicht erklären: Fichten sind Flachwurzler und können deshalb relativ leicht entwurzelt werden. Ihr Wurzelsystem erstreckt sich rund um den Baum in die Breite. Stehen Fichten sehr nah zusammen, können ihre Wurzelsysteme
30 sich nicht stark genug ausbilden, sodass ihnen bei Stürmen der nötige Halt fehlt. Bei naturnahen Mischwäldern bremsen Sträucher an den Waldrändern die Winde ab. Außerdem widerstehen die unterschiedlich weit und tief verzweigten Wurzelsysteme der Laub- und Nadelbäume den Stürmen besser.

Ein gesunder Wald ist für Mensch und Tier von erheblicher Bedeutung. So dient der
35 Wald nicht nur als Naherholungs- und Wirtschaftsraum. Er bindet darüber hinaus Staub, bremst Wind, nimmt Kohlenstoffdioxid (CO_2) auf und gibt Sauerstoff wieder ab. Außerdem hält er mit seinen Wurzeln den Boden fest und schützt damit vor Erdrutschen.

Forscherstation 3: Waldtiere ohne Heimat!?

Forscherauftrag 1

1. Erläutere, warum dem Orkan Kyrill im Januar 2007 so viele Fichten zum Opfer fielen?

2. Aus dem Biologieunterricht kennst du den Kohlenstoffkreislauf und weißt, dass grüne Pflanzen, vor allem Bäume, Kohlenstoffdioxid (CO_2) umwandeln können. Was bedeutet der Schaden, der durch Kyrill entstand, dann für unser Klima?

3. Und wenn es stimmt, dass die Sturmaktivitäten in unseren Breitengraden aufgrund des Klimawandels immer mehr zunehmen – so sagen es viele Klimaforscher vorher – was müssen wir dann tun, um Katastrophen wie die durch den Sturm Kyrill verursachten Schäden zu verhindern?

Forscherstation 3: Waldtiere ohne Heimat!?

Forscherauftrag 2

Hamburger satt im Regenwald

Nicht nur Stürme wie Kyrill verringern den Baumbestand auf der Erde. In allen Ländern werden Wälder abgeholzt oder gerodet. Hierfür gibt es die verschiedensten Gründe.

Im brasilianischen Teil Amazoniens wurden zwischen 1988 und 2022 482 525 Quadratkilometer Regenwald abgeholzt, um dort Rinderzucht betreiben zu können. Auf diesen Flächen, die einst dicht besiedelt von verschiedensten Tier- und Pflanzenarten waren, werden Rinder gehalten, um den Burger- und Fleischhunger, vor allem in Amerika und Europa, zu bedienen.

Aber nicht nur die Rodung der Regenwälder für die Rinderzucht, sondern auch die Forstwirtschaft nimmt immer mehr zu. Deutschland beispielsweise braucht immer mehr Holz: Pro Kopf verbrauchen die Deutschen rund 1,2 Kubikmeter Holz. Das ist doppelt so viel wie der weltweite Durchschnitt.

1. Sammelt in der Gruppe, wofür Holz benötigt wird.

2. Überlegt, welche Möglichkeiten es gibt, die Baum- und Waldbestände unserer Erde zu schützen? Nutzt alle Informationen der Forscherstation 3, um einen Regelkatalog zu erstellen.

Forscherstation 3: Waldtiere ohne Heimat!?

Informationsseite 3

Panik endet für zwei Hirsche tödlich

Zwei in Panik getötete Hirsche beschäftigen derzeit die Jäger im Siegerland. Die Frage, die sich ihnen stellt:

Darf jeder zu jeder Zeit überall den Wald betreten?

Im Wilgersdorfer Forst äste am vergangenen Abend
5 ein Rotwildrudel von acht bis zehn Tieren. Vier
Mountainbiker, die einen nahegelegenen Forstweg
für ihren Ausflug gewählt hatten, fuhren gerade
eine steile Abfahrt hinunter, als sie plötzlich das
aufgeschreckt flüchtende Rudel bemerkten.

10 Diese panikartige Flucht durch eine Wiederaufforstungsfläche endete schließlich für zwei Hirsche tödlich. Vermutlich prallten sie auf höhere Fichtenstümpfe oder rammten Stammreste, die nach der Aufarbeitung des Sturms stehen geblieben waren.

15 Beide Hirsche verbluteten innerlich – von außen waren keine Wunden zu sehen. Dass die Angelegenheit überhaupt untersucht und bekannt wurde, ist den Mountainbikern zu verdanken. Indem sie per Handy Hilfe geholt hatten, hätten sie sehr verantwortungs-
20 bewusst gehandelt, lobt der Jagdpächter. Alle Umstände würden darauf hindeuten, so Joachim Pfeiffer, dass die vertraut äsenden Hirsche durch das plötzliche und unerwartete Erscheinen der Mountainbiker in Panik versetzt worden waren. Die Äsungsfläche befinde sich nämlich in einer jagdlich beruhigten Zone, weshalb die Tiere Störungen in diesem Teil des Waldes
25 vermutlich nicht gewohnt seien. Dem Jagdpächter gebe der Unfall nicht nur zu denken, weil gleich zwei Hirsche ohne Beteiligung von Motorfahrzeugen zu Tode kamen, sondern auch, weil diese Beobachtung panikartigen Verhaltens mitunter eine Erklärung für die Todesursache von verludert (Jägersprache für verwest) aufgefundenem Rotwild geben könnte.
30 Nicht nur durch diesen aktuellen Vorfall, sondern auch durch immer öfter auftretende Beschwerden wegen freilaufender Hunde im Wald fühlen sich die Siegerländer Jäger in ihren Forderungen nach besonderen Ruhezonen für Wildtiere bestärkt. So treten sie dafür ein, das allgemeine Waldbetretungsrecht einzuschränken und damit, falls notwendig, auch die Sperrung
35 von wenig genutzten Wegen vorzunehmen – damit Mensch und Tier gemeinsam im Wald leben können.

Forscherstation 3: Waldtiere ohne Heimat!?

Forscherauftrag spezial (1)

Ausrottung der Luchse in Deutschland

Im Jahr 1846 wurde der letzte Luchs im Bayerischen Wald erschossen. Im unzugänglichen Böhmerwald dagegen konnten sich Luchse noch bis Anfang des 20. Jahrhunderts halten. Wie auch bei Wolf und Bär erfolgte die Ausrottung
5 des Luchses in zwei Etappen.
Weil die Bevölkerung in Deutschland wuchs und immer mehr Wohn- und Wirtschaftsflächen benötigte, wurden Waldbestände abgeholzt. So drängte man die Großraubtiere in für uns Menschen unzugängliche Bereiche zurück.
10 Als auch diese vermehrt durch Menschen erschlossen und genutzt wurden, z. B. als Weideflächen, erfolgte eine gezielte Jagd auf Luchse, um die Übergriffe auf das Vieh zu verhindern.

Heute erschweren verschiedene Faktoren den großen Wildtieren die Rückkehr in ihre
15 Heimat. Luchse, Bären, Wölfe und andere Wildtiere brauchen Rückzugsmöglichkeiten und große, menschenfreie Flächen.
Wie ihr an Forscherstation 3 erfahren habt, gibt es ganz unterschiedliche Anforderungen an die Wälder in Deutschland. Umweltschützer fordern mehr Naturwaldgebiete, um den Tieren und Pflanzen Lebensraum zu bieten. Die Förster und Waldbesitzer
20 fürchten dadurch aber erhebliche Geldeinbußen für ihre Wirtschaft. Heute sind laut NABU[1] nur weniger als 2,8% der Wälder in Deutschland echte Naturwälder. „Im Wirtschaftswald werden die Bäume bereits zwischen 80 und 140 Jahren geerntet, das klingt alt, in Wahrheit sind das aber noch wahre Jungspunde", erklärte NABU-Waldexperte Johannes Enssle. Mit Blick auf den Artenschutz seien gerade mehrere hundert
25 Jahre alte Bäume besonders wichtig. Hohle Stämme, Spechtlöcher, abgebrochene Äste und Faulstellen machten diese Baum-Greise erst so richtig wertvoll für die Natur, weil sie bis zu ihrem Zerfall tausenden von Lebewesen als Kinderstube und
30 Nahrungsgrundlage dienten. Der NABU fordert vor diesem Hintergrund, dass auch in unseren Wirtschaftswäldern wieder mehr Bäume richtig alt werden dürfen. So sollen fünf Prozent der deutschen Wälder nicht mehr bewirtschaftet werden – obwohl
35 der Holzbedarf weiter steigt.
Ein weiteres Problem ist, dass die Waldflächen innerhalb Deutschlands von Strom-, Weg- und Straßennetzen durchzogen und daher nicht miteinander verbunden sind.

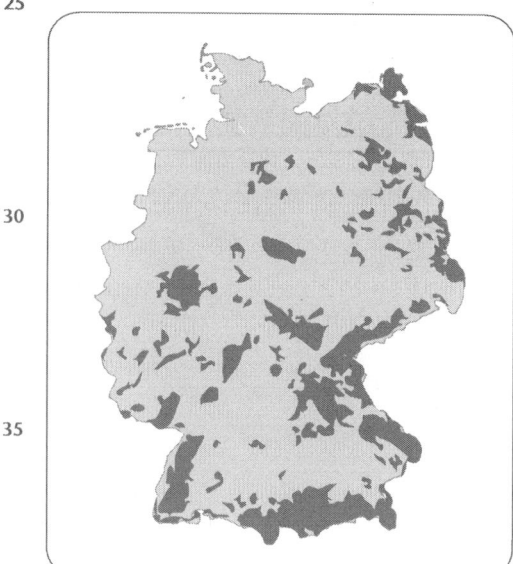

---

1 Naturschutzbund Deutschland e.V.

Forscherstation 3: Waldtiere ohne Heimat!?

Forscherauftrag spezial (2)

1. Zeichnet nötige Veränderungen der Waldflächen für eine deutschlandweite Rückkehr von Luchsen, Bären und Füchsen mit einem farbigen Stift in die Karte ein. Zusätzlich dürft ihr passende Schlagworte einfügen.

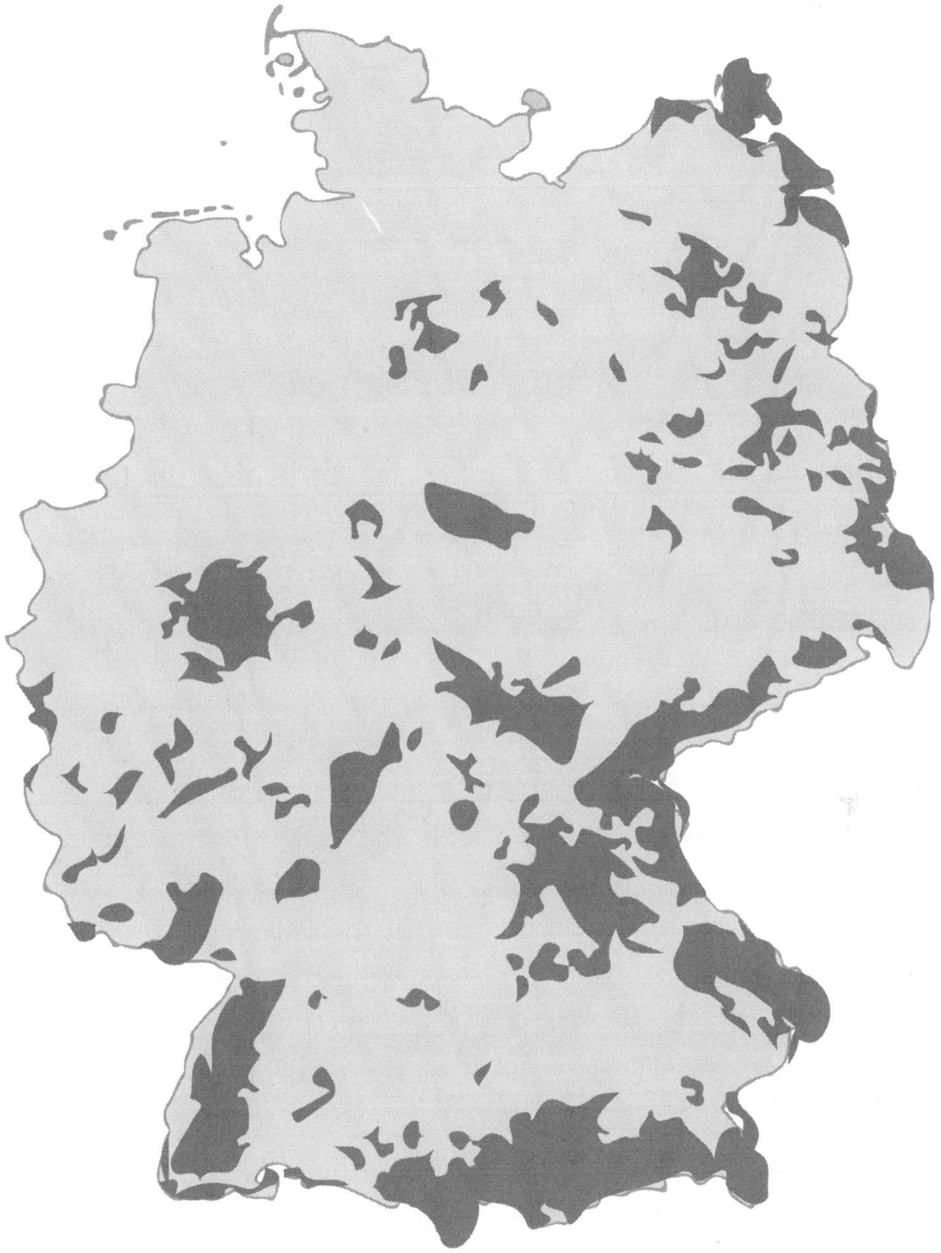

2. Erklärt die nötigen Veränderungen.

_____
_____
_____
_____

Forscherstation 3: Waldtiere ohne Heimat!?

Hilfestellung zu Aufgabe 1

„Ein Verkehr wie auf der Autobahn!" An Wochenenden, wenn man in Ruhe fern von Straßenlärm und schlechter Luft im Wald joggen oder spazieren gehen möchte, herrscht auf den Wegen oft reger Verkehr. Woran mag das liegen? Viele Menschen suchen an den Wochenenden den Wald auf. Sie finden Ruhe, genießen die frische Luft und bekommen Abstand von der Arbeit. Kinder spielen im Wald und verstecken sich im Unterholz. Doch Wälder sind nicht nur Erholungsräume.

Sie alle lieben den Wald – und streiten leidenschaftlich um ihn: Jäger, Förster und Naturschützer haben völlig unterschiedliche Vorstellungen davon, wie der Wald in Deutschland aussehen soll. Der Eine wünscht sich einen Naturwald mit alten Bäumen, Totholz und großer Artenvielfalt, der Andere freut sich über Nischen für Rehe und Hirsche. Der Dritte wiederum bevorzugt einen Wald mit möglichst wenigen Wildtieren, weil diese die Bäume schädigen. Die Bäume sollen Geld einbringen. An vielen Stellen im Wald kann man beobachten, dass Waldarbeiter Bäume fällen, die dann verkauft werden. Förster bewirtschaften den Wald. Junge Bäume schützen sie vor Kaninchen oder Rehen durch Zäune. Mit Sorgfalt beobachten sie den Tierbestand des Waldes und achten darauf, dass sich Schädlinge nicht zu sehr vermehren. Nur so können die Bäume gut wachsen und als Rohstofflieferanten viel Geld einbringen. Kein Wunder also, dass es zwischen diesen Waldexperten immer wieder zu Konflikten kommt. Der Wald bedeutet für jeden Menschen etwas anderes und wird auf sehr unterschiedliche Weise genutzt.

Forscherstation 3: Waldtiere ohne Heimat!?

Hilfestellung zu Aufgabe 2

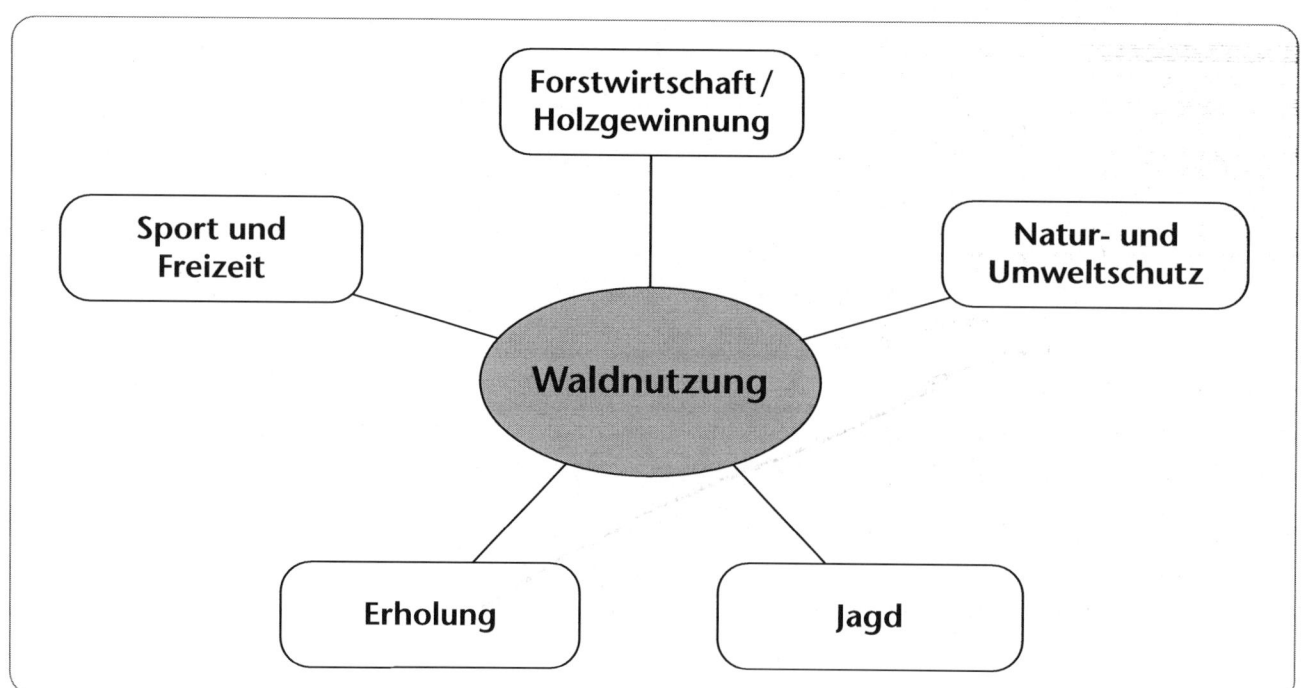

Forscherstation 3: Waldtiere ohne Heimat!?

Hilfestellung zum *Forscherauftrag spezial*

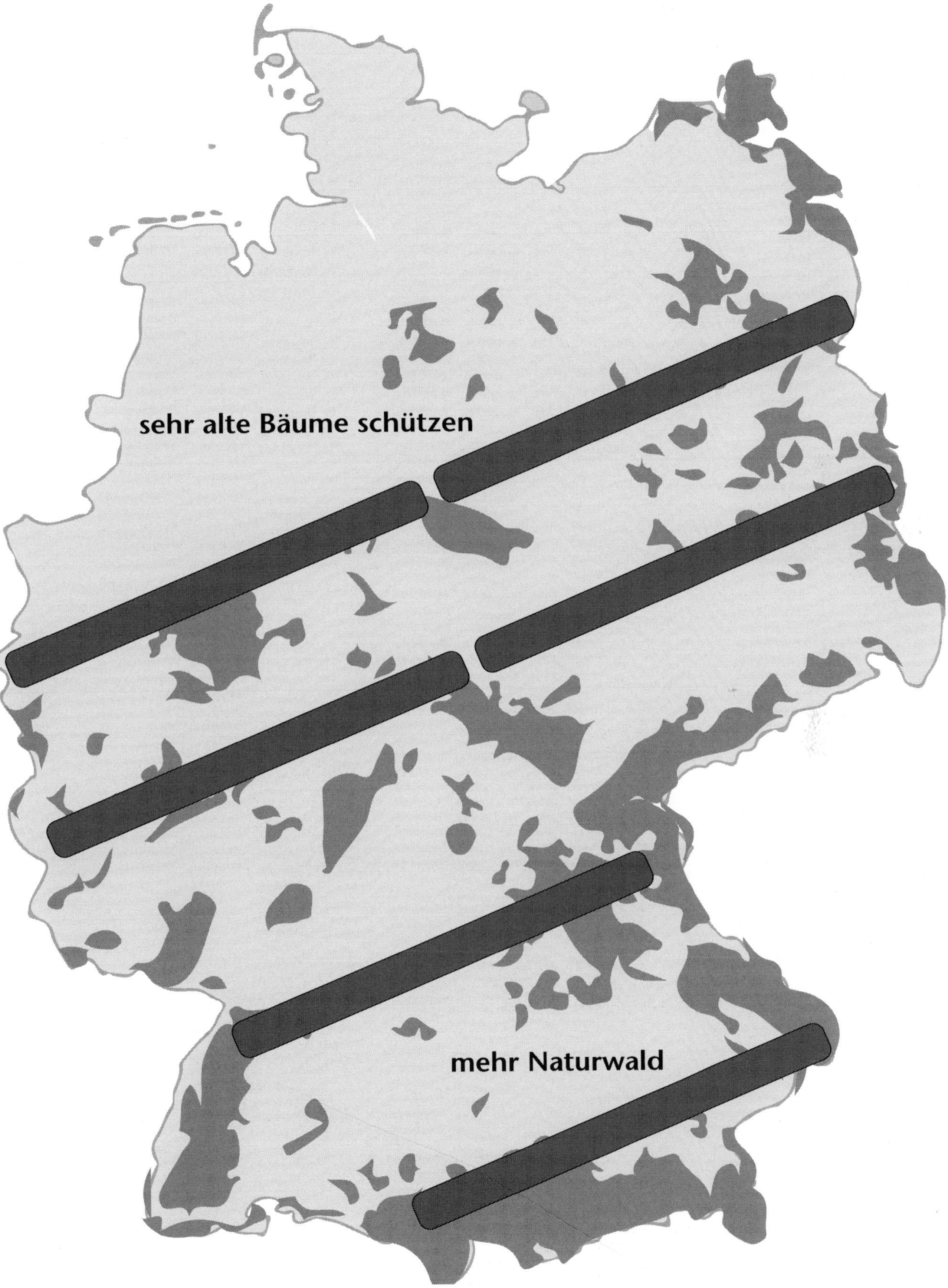

- sehr alte Bäume schützen
- mehr Naturwald

Forscherstation 3: Waldtiere ohne Heimat!?

Lösungsvorschlag zu Aufgabe 2

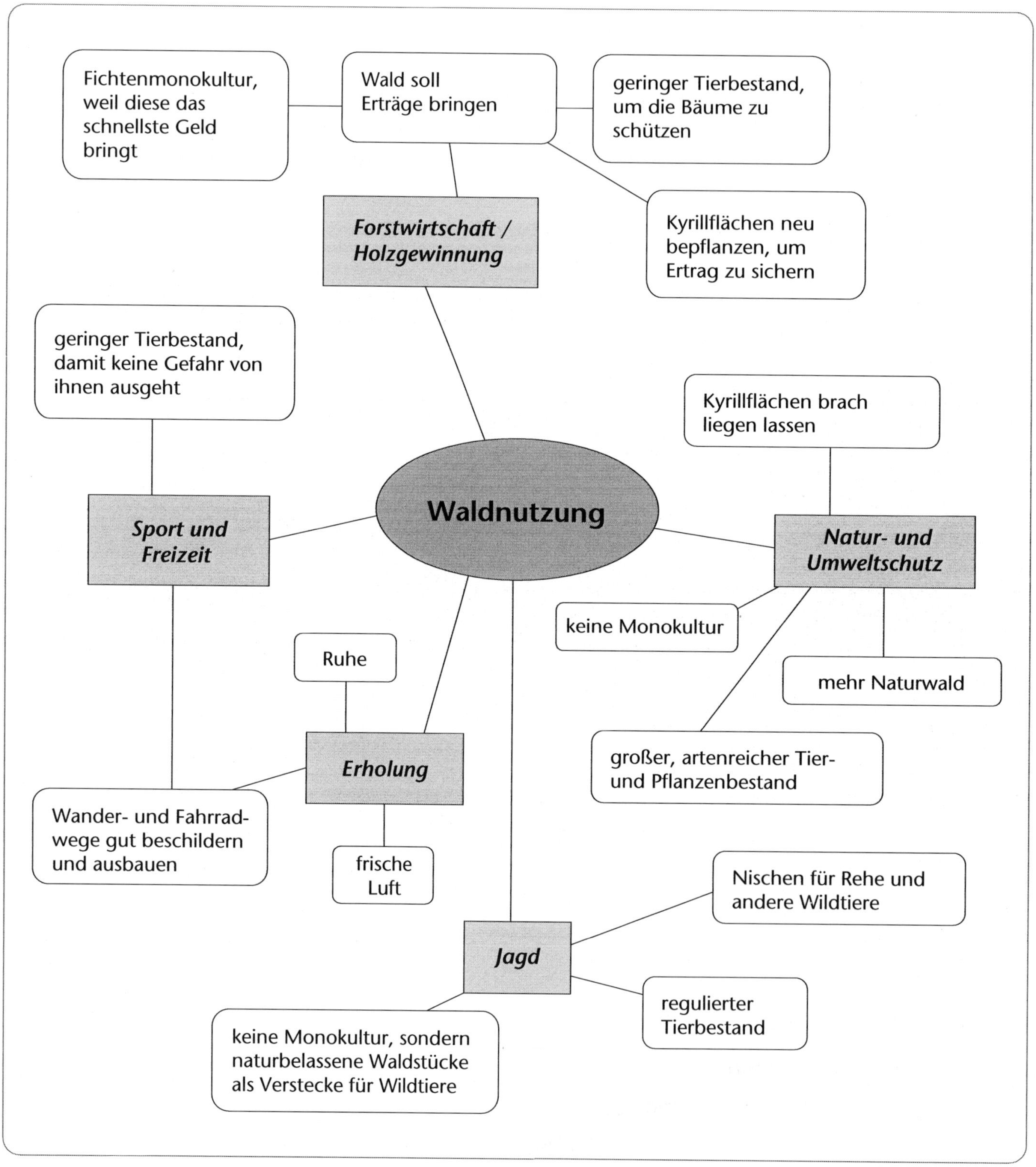

Waldnutzung

- **Forstwirtschaft / Holzgewinnung**
  - Fichtenmonokultur, weil diese das schnellste Geld bringt
  - Wald soll Erträge bringen
  - geringer Tierbestand, um die Bäume zu schützen
  - Kyrillflächen neu bepflanzen, um Ertrag zu sichern

- **Sport und Freizeit**
  - geringer Tierbestand, damit keine Gefahr von ihnen ausgeht
  - Wander- und Fahrradwege gut beschildern und ausbauen

- **Erholung**
  - Ruhe
  - frische Luft

- **Natur- und Umweltschutz**
  - Kyrillflächen brach liegen lassen
  - keine Monokultur
  - mehr Naturwald
  - großer, artenreicher Tier- und Pflanzenbestand

- **Jagd**
  - Nischen für Rehe und andere Wildtiere
  - regulierter Tierbestand
  - keine Monokultur, sondern naturbelassene Waldstücke als Verstecke für Wildtiere

Forscherstation 3: Waldtiere ohne Heimat!?

Lösungsvorschlag zu Aufgabe 3

1. Fichten sind Flachwurzler und können deshalb leicht entwurzelt werden. Ihr Wurzelsystem erstreckt sich rund um den Baum in die Breite. Stehen die Fichten zu nah zusammen, können ihre Wurzelsysteme nicht stark genug werden, um schweren Stürmen zu trotzen.

2. Da so viele Bäume dem Sturm zum Opfer gefallen sind, sinkt die Menge des umgewandelten Kohlenstoffdioxids (CO_2) und es gelangt mehr davon in die Atmosphäre. Das Vernichten großer Baumbestände hat somit auch Einfluss auf den Sauerstoffgehalt der Luft.

3. Es sollten gezielt Mischwälder statt Monokulturen, die nur aus Fichten bestehen, angepflanzt werden. Denn bei naturnahen Mischwäldern bremsen Sträucher an den Waldrändern die Winde ab. Außerdem widerstehen die unterschiedlich weit und tief verzweigten Wurzelsysteme der Laub- und Nadelbäume den Stürmen besser.

Forscherstation 3: Waldtiere ohne Heimat!?

Lösungsvorschlag zu Aufgabe 5

1. - Papier (z. B. Zeitungen, Tüten, Kartons, Blätter…)
   - Möbel
   - Brennholz
   - Hausbau
   - Schiffsbau
   - Bau von Instrumenten
   - Schmuckherstellung
   - …

2. - weniger Papier verbrauchen
   - recyceltes Papier verwenden
   - Toilettenpapier sparen
   - weniger Rindfleisch essen und auf dessen Herkunft achten
   - keine Möbel aus Tropenholz (z. B. Teakholz) kaufen
   - wiederverwertbares Verpackungsmaterial verwenden
   - …

Forscherstation 3: Waldtiere ohne Heimat!?

Lösungsvorschlag zum *Forscherauftrag spezial*

1. Mögliche Lösung:

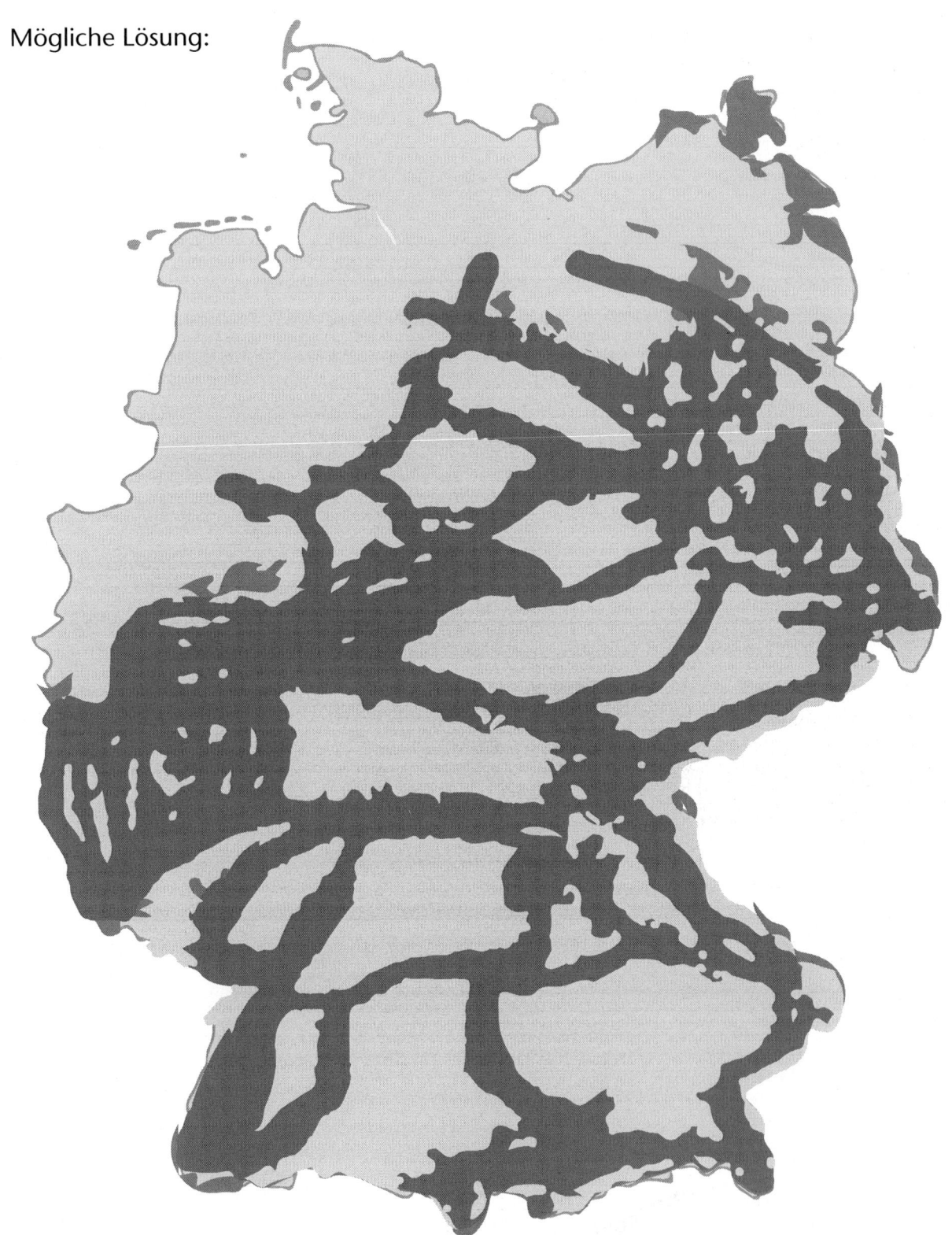

2. Waldflächen, vor allem Naturwälder oder naturbelassene Wälder, müssen miteinander verbunden werden, um den Tieren, wie z. B. dem Luchs, die Möglichkeit zu geben, größere Gebiete zu besiedeln. Außerdem müsste es wieder mehr Waldgebiete geben, in die der Mensch nicht eingreift und in denen die Tiere ungestört leben können. Der Schutz alten Baumbestandes sollte ebenfalls vorangetrieben werden.

Forscherstation 4: Wildschweine in der Stadt!?

Stationszettel

An dieser Station sollt ihr herausfinden, welche verschiedenen Auswirkungen Müll auf unsere Umwelt, speziell Wildtiere, und das Klima hat und wie diese Auswirkungen verhindert oder abgemildert werden können.
Außerdem sollt ihr folgende **Kompetenzen** stärken:
- Informationen sinnvoll filtern und zusammenfassen
- Inhalte präsentieren
- Informationen bewerten
- Inhalte aus Sachtexten in geeigneten Darstellungen wiedergeben

So geht ihr vor:

EA 1. Jeder von euch liest die Informationsseite 1 gründlich durch und unterstreicht Schlüsselwörter.

EA 2. Es werden verschiedene Gründe genannt, warum Wildschweine sich vermehrt in Städten aufhalten. Schreibt diese heraus.

3. Erstellt handschriftlich eine kleine Informationsbroschüre. Wie sollte man sich verhalten, um zu vermeiden, dass Wildschweine in die Nähe von Häusern kommen?

EA 4. Jeder von euch liest eine der Informationsseiten 2–4 gründlich durch und erstellt einen Spickzettel zu deren Inhalten. Beachtet, dass die Informationsseiten in drei Stufen differenziert sind:

= leicht   = mittel   = schwer

5. Präsentiert euch gegenseitig eure Ergebnisse.

6. Besucht die Internetseite des Naturschutzbundes Deutschland e.V. und lest euch die Broschüre „Müllkippe Meer" durch.
Ihr findet diese unter:
https://www.nabu.de/imperia/md/content/nabude/meeresschutz/220720_muellkippe_meer.pdf

7. Entwerft eine Bildergeschichte, die den Weg einer Plastiktüte bis ins Meer darstellt. Ergänzt, welche Folgen sich daraus ergeben.

EA 8. Kontrolliert mit den Lösungsvorschlägen eure Ergebnisse und heftet sie in euer Lerntagebuch.

9. Erarbeitet eure Beiträge zu Ursachenforschung (rote Kärtchen) und Lösungsmöglichkeiten (grüne Kärtchen). Werft sie anschließend in die entsprechende Box.

10. Entscheidet gemeinsam, ob ihr die Zusatzaufgabe *Forscherauftrag spezial* lösen wollt.

Forscherstation 4: Wildschweine in der Stadt!?

Informationsseite 1

Berlin – Hauptstadt der Wildschweine

Ein Rascheln im Gebüsch, dicht gefolgt von einer schnüffelnden Nase, neugierigen Augen und schließlich einem wuchtigen, borstigen Körper: Eines der geschätzt 5 000 bis 6 000
5 Wildschweine Berlins ist mal wieder auf Nahrungssuche.
Inzwischen ist Berlin nicht mehr nur die Hauptstadt Deutschlands, sondern auch die Hauptstadt der Wildschweine. Kein Wunder,
10 bietet sich den eigentlich scheuen Allesfressern auf 900 Quadratkilometern doch ein wahres Paradies an Futterquellen! Und weil sich die natürlichen Lebensräume der Wildschweine durch boomenden Wohnungsbau verkleinern, nehmen die Tiere diese Einladung in städtische Gebiete dankend an.
So streifen Wildschweine am Tag bis zu 20 Kilometer durch Berlin und prägen sich
15 dabei besonders ergiebige Futterquellen dauerhaft ein. Weil sie Allesfresser sind, zeigen sie sich bei der Nahrungsaufnahme kaum wählerisch – Pflanzliches oder Tierisches, alles findet Verwendung. Wegen ihres hervorragenden Geruchssinnes wittern sie Obst, Gemüse und Kompost schon aus größerer Entfernung. Sie graben Beete nach Zwiebeln, Knollen und Regenwürmern um. Auch Waldfrüchte, Getreide, Kartoffeln, Obst
20 und Brotreste stehen auf der Speisekarte. Mit Insekten, Regenwürmern, kleinen Nagern, Vogeleiern, Fischresten und Aas decken sie ihren Eiweißbedarf. Verlockend wirken frei zugängliche Abfallbehälter, die das Fressen quasi auf dem Silbertablett präsentieren – von übereifrigen Tierfreunden, die die Wildschweine füttern, ganz abgesehen.
Besonders in Bezirken, die an den Stadtwald grenzen, fühlen sich die Tiere wohl. Auch
25 der zunehmende Anbau von Monokulturen, v. a. Mais, lockt die Wildschweine an.
Doch nicht nur Berlin hat mit der enormen Zunahme der Wildschweinpopulation zu kämpfen: Wurden in einer Jagdsaison in Ost- und Westdeutschland vor 50 Jahren 50 000 Wildschweine erlegt, so waren es 2021/22 bereits 711 407[1], also über 14 Mal so viele!
30 Aufgrund der Fülle an Futter hat sich zwischenzeitlich das Fortpflanzungsverhalten der Wildschweine verändert, indem die normale Paarungszeit von Oktober bis März auf das ganze Jahr ausgeweitet wurde. So vermehren sich die Tiere noch schneller. Und auch junge Wildschweine nehmen immer früher an der Fortpflanzung teil. Dieser unkontrollierten Vermehrung kann man nur mit gezieltem Abschuss begegnen. Ohne
35 Jagd würden aus einer Rotte[2] von 100 Wildschweinen binnen eines Jahres 360 Tiere heranwachsen.
Eine natürliche Selektion findet übrigens kaum mehr statt. Aus Angst davor, kranke Wildschweine könnten ihre landwirtschaftlichen Verwandten anstecken, werden sie vorsorglich geimpft. So bleibt das Wildschwein gesund und freut sich seines paradiesi-
40 schen Lebens mit uns Menschen.

---

1 Jagdstatistik 2021/22, Deutscher Jagdverband
2 Die Gruppe, in der Wildschweine leben, wird als Rotte bezeichnet.

Forscherstation 4: Wildschweine in der Stadt!?

 **Informationsseite 2**

Achtlos weggeworfener Müll gefährdet Wildtiere

Am 12. September erblickten zwei Polizisten auf Streife in Emsdetten ein sehr seltsam wirkendes Tier: Ein orientierungsloser Igel irrte am frühen Samstagmorgen vor ihnen durch die Fußgängerzone.

In einem achtlos weggeworfenen Joghurtbecher hatte das Tier aufgrund
5 seines guten Geruchssinnes Futter vermutet. Bei seinem Versuch, an dieses Futter zu gelangen, war er mit dem Kopf voraus in den Becher gekrochen. Dies sollte ihm jedoch zum Verhängnis werden: Er blieb mit seinem Kopf in dem Becher stecken und kam aus eigener Kraft nicht wieder heraus.

Selbstverständlich wollten die Polizisten dem armen Tier helfen, jedoch
10 stürzte der blinde Igel in diesem Moment in einen Kellerschacht. Die Beamten verschafften sich Einlass und retteten das Tier sowohl aus dem Schacht als auch aus dem Joghurtbecher. In einem angren-
15 zenden Garten entließen sie ihn schließlich in die Freiheit. Nach kurzem Zögern verschwand der Igel im Dunkel der Nacht und wurde nicht mehr gesehen.

Forscherstation 4: Wildschweine in der Stadt!?

Informationsseite 3

Jäger warnen: Vermüllung lockt Wildtiere in die Städte

Mit großer Sorge beobachten Förster und Jäger gleichermaßen, dass immer mehr Wildtiere ihren angestammten Lebensraum, den Wald, verlassen und stattdessen gezielt in die Städte wandern
5 – meist auf der Suche nach Nahrung. Thomas Ernst, erfahrener Jäger in den Wäldern östlich von Berlin, fordert daher:
„Das Wegwerfen von Müll und Essensresten in den Städten muss schärfer geahndet werden.
10 Denn die starke Vermüllung der Städte zieht zunehmend Wildtiere wie Waschbären, Füchse, Marder und Wildschweine an. Auch das Füttern der Tiere durch sogenannte Tierliebhaber ist ein Problem. Wenn die Tiere einmal gefüttert wur-
15 den, kommen sie immer wieder an diese Stellen zurück und suchen dort nach Essbarem.

Vor allem in Parks, auf Spiel- und Sportplätzen finden und suchen Wildtiere nach neuen Nahrungsquellen. Überfüllte Mülleimer, leichtsinnig weggeworfene Essensreste und dort abgestellte Müllsäcke ziehen die Tiere an. Man kann selbst in den Großstäd-
20 ten Tiere beobachten, die rund um Fußgängerzonen und Restaurants unterwegs sind, um Futter zu finden.
Auch in den Gärten gibt es für Füchse, Marder und andere Tiere viel zu holen. Allerdings kann man gegen das Vorkommen von Wildtieren in den Städten nicht viel unternehmen, denn ein Abschuss der Tiere kommt aus Sicherheitsgründen nicht in
25 Frage. Also bleibt nichts anderes übrig, als noch mehr auf die Sauberkeit in den Städten zu achten und Wildtiere nicht mehr zu füttern."

Forscherstation 4: Wildschweine in der Stadt!?

Informationsseite 4

„Problem-Bär" Bruno – ein trauriges Beispiel

Nach wochenlanger Jagd erlegten Jäger Ende Juni 2006 den als „Problem-Bären" bezeichneten Braunbär Bruno an der bayerisch-österreichischen Grenze mit einem gezielten Schuss.

Bruno ist 2004 in der italienischen Provinz Trient geboren. Seine Mutter war eine
5 Bärin, die innerhalb eines Naturschutzprojektes aus ihrer slowenischen Heimat nach Norditalien verbracht wurde. Sie wurde von mehreren Naturschützern, so genannten Rangern, beobachtet und als sehr intelligent und vorsichtig beschrieben.

In dem Naturschutzgebiet, in dem Bruno geboren wurde, waren und sind immer viele Touristen. Schnell verstand Brunos Mutter, dass sie durch die Menschen sehr einfach
10 an Futter gelangen kann. Sie ließ sich füttern und bediente sich an den Mülltonnen der Hotels und Restaurants. Diese Futterquellen zeigte sie auch ihren Söhnen Bruno und Lumpaz.

Als Bruno alt genug war, sich von seiner Mutter zu lösen, machte er sich – wie es die
15 Natur vorsieht – auf, ein eigenes Revier zu finden und eine eigene Familie zu gründen. Diese Suche führte ihn schließlich nach Österreich und Deutschland, wo er jedoch keine Braunbär-Dame finden konnte. Der
20 letzte Braunbär war dort um 1835 gesehen worden.

Anscheinend erinnerte sich Bruno aber an das, was seine Mutter ihm beigebracht hatte und versuchte Futterquellen in der Nähe der Menschen zu finden. Er riss Schafe und plünderte Bienenstöcke der Imker. Die Menschen gerieten daraufhin in Panik,
25 Bruno wurde offiziell als „Problem-Bär" eingestuft und zum Abschuss freigegeben.

Dass er seine natürliche Scheu vor Menschen verloren hatte, lag nicht daran, dass er aggressiv gegen Menschen vorgehen wollte, sondern daran, dass er gelernt hatte, bei Menschen schnell und einfach an Futter zu kommen.

Die Ranger in Norditalien achten heute mehr denn je darauf, dass ihre Bären in Ruhe
30 leben können und nicht von Touristen belästigt werden, damit so ein tragischer Fall nicht wieder passiert. Denn auch Brunos Bruder Lumpaz wurde zum „Problem-Bären" und in Österreich erschossen.

Heute sind deutsche Jäger, Jagdschutzverbände und Naturschützer gut vorbereitet und hoffen, dass erneut ein Braunbär den Weg in heimische Wälder findet, denn
35 ursprünglich war unsere Heimat auch die ihre.

Forscherstation 4: Wildschweine in der Stadt!?

Forscherauftrag spezial

> Bei jeder Busfahrt, jedem Spaziergang und jeder Fahrradtour könnt ihr mich finden.
>
> Egal zu welcher Tages- oder Jahreszeit.
>
> An den Straßenrändern und auf Parkplätzen bin ich besonders häufig anzutreffen, obwohl ich da eigentlich nicht hingehöre.
>
> Ich bin kein Teil der Natur und nicht gerade schön anzusehen.
>
> Niemand braucht mich noch und trotzdem bin ich da.
>
> Zuletzt hielt mich – zumindest kurz – jemand in Händen, der ganz schnell etwas essen wollte.
>
> **Wer oder was bin ich?**

1. Überlegt euch, wer oder was gesucht ist und welches grundsätzliche Problem hier beschrieben wird.

2. Entwerft Lösungsmöglichkeiten, wie man das Problem in den Griff bekommen könnte. Wendet euch in dem konkret beschriebenen Fall in einem Brief an die Verantwortlichen.

Lerntheke Klima- und Umweltschutz

Forscherstation 4: Wildschweine in der Stadt!?

Hilfestellung zu Aufgabe 3

Sie wollen keine Wildschweine in Ihrem Garten?  Dann sollten sie einige grundlegende Dinge beachten!	1. Lassen Sie keine Lebensmittelabfälle offen herumliegen! 2. ... 3. ... 4. ... 5. ...

Forscherstation 4: Wildschweine in der Stadt!?

Hilfestellung zu Aufgabe 7

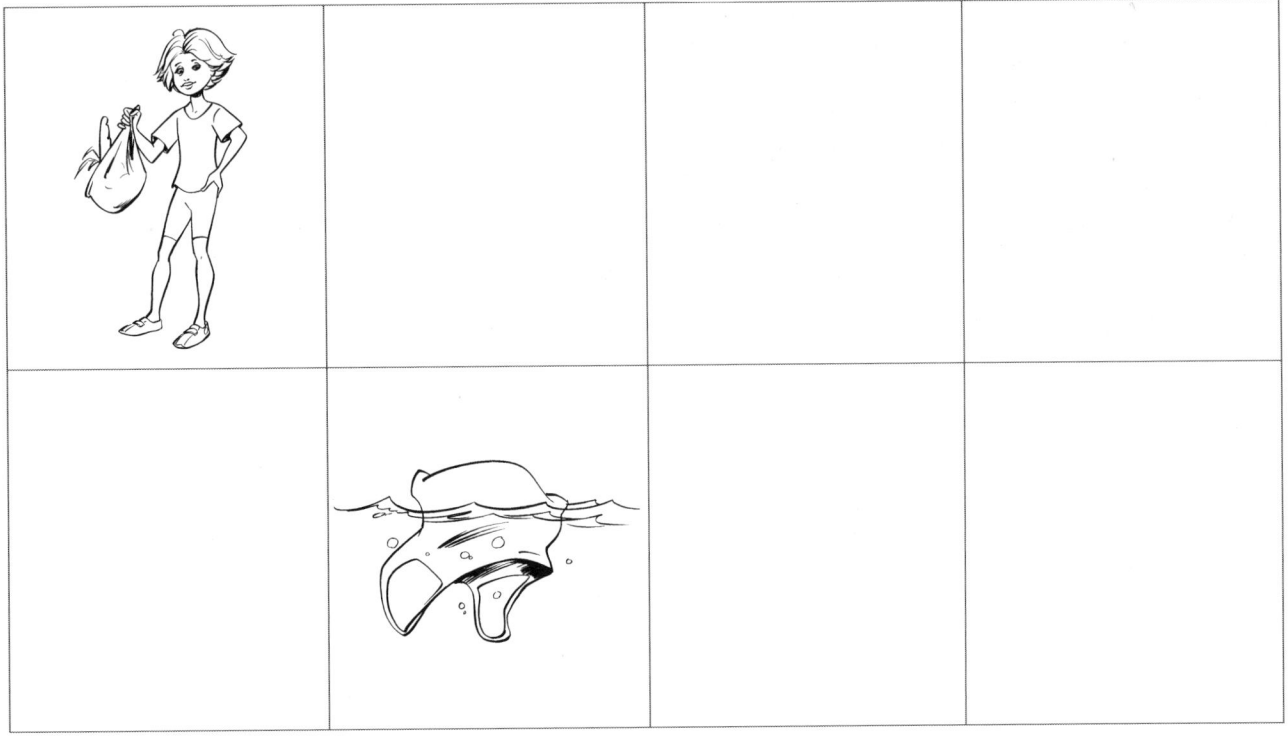

Forscherstation 4: Wildschweine in der Stadt!?

Hilfestellung zum *Forscherauftrag spezial*

1. Gesucht ist das Problem achtlos weggeworfenen Mülls, beispielhaft dafür sind Verpackungen von Fastfood-Ketten wie McDonald's.

   Das Unternehmen äußert sich auf seiner Internetseite bzgl. Umwelt und Nachhaltigkeit:

   http://www.mcdonalds.de/uber-uns/nachhaltigkeit

2. **Option 1:**

   Kontaktadressen bekannter Fastfood-Ketten:

McDonald's Deutschland LLC Gästeservice Drygalski-Allee 51 81477 München	Burger King Deutschland GmbH Adenauerallee 6 30175 Hannover

   Option 2:

   Alternativ kann auch ein Brief an denjenigen verfasst werden, der im konkreten Fall seinen Müll achtlos weggeworfen hat.

Forscherstation 4: Wildschweine in der Stadt!?

Lösungsvorschlag zu Aufgabe 2

- Auf einer Fläche von 900 Quadratkilometern gibt es zahlreiche Plätze mit vielfältigem Nahrungsangebot.
- Die natürlichen Lebensräume der Wildschweine verkleinern sich, daher suchen sich die Tiere neue Lebensräume.
- Es gibt zunehmend mehr Wildschweine – sowohl auf dem Land als auch in den Städten.
- Es wird erheblich mehr Mais angebaut. Weil Wildschweine diesen sehr gerne fressen, werden sie von ihm angelockt.
- Die Wildschweine werden durch die Jäger geimpft, dadurch findet eine natürliche Regulierung des Bestandes, zum Beispiel durch Krankheiten wie die Schweinegrippe, nicht statt.
- Wildschweine haben einen sehr guten Geruchssinn und wittern Obst, Gemüse und Kompost schon aus größerer Entfernung.
- Mülleimer sind immer gut gefüllt und häufig für die Tiere zugänglich.
- Menschen füttern die Wildschweine noch zusätzlich.

Forscherstation 4: Wildschweine in der Stadt!?

Lösungsvorschlag zu Aufgabe 3

- Lassen Sie keine Lebensmittelabfälle offen herumliegen!
- Füttern Sie keine Wildtiere in Stadtnähe!
- Bauen Sie feste Zäune um ihren Garten!
- Mülleimer in Parks und auf Spielplätzen müssen regelmäßiger geleert werden.
- Der Maisanbau darf nicht überhand nehmen und zur Monokultur werden.

Forscherstation 4: Wildschweine in der Stadt!?

Lösungsvorschlag zu Aufgabe 7

Die Bildergeschichte sollte zeigen, dass eine achtlos weggeworfene Mülltüte beispielsweise durch den Wind in einen Bach getragen wird. Von dort schwimmt sie dann in einen größeren Fluss und landet letztlich in der Nordsee. Dort könnte sich ein Fisch darin verfangen, ein Vogel könnte sie mit Nahrung verwechseln usw.

Mögliche Folgen:

- Meerestiere verwechseln Kunststoff mit Nahrung. Sie sterben dann an inneren Verletzungen oder verstopfen sich den Verdauungsapparat und verhungern.
- Giftige, im Wasser gelöste Inhaltsstoffe des Kunststoffes wie Bisphenol A und Phthalate gelangen in die Nahrungskette und schädigen den Hormonhaushalt oder das Erbgut der Tiere.
- Die Reinigung von Häfen, Küsten und Stränden kostet jedes Jahr viele Millionen Euro, die anderweitig eingesetzt werden könnten.
- Auch der Industrie, Schifffahrt und Fischerei entstehen hohe Kosten durch Schäden an Bootspropellern, Filteranlagen usw.
- Vermüllte Strände locken keine Touristen an. Die Einnahmen in belebten Touristenzielen könnten zurückgehen und die wirtschaftliche Existenz der dort lebenden und arbeitenden Menschen bedrohen.
- Vögel verwenden Plastikmüll zum Nestbau, weshalb bei Regen die Nester voll Wasser laufen können. Gerade Jungvögel drohen dadurch zu ertrinken.

Forscherstation 4: Wildschweine in der Stadt!?

Lösungsvorschlag zum *Forscherauftrag spezial*

2. **Mögliche Lösungsansätze:**
   - essbare Verpackungen
   - weniger Verpackungen
   - sich selbst auflösende Materialien
   - Pfandsystem
   - Anbringen von Hinweisschildern
   - Vorbild sein
   - …

> Sehr geehrte Damen und Herren,
>
> im Rahmen eines Schulprojektes zum Thema Klima- und Umweltschutz sind wir auf das Problem aufmerksam geworden, dass …
>
> Daher möchten wir Ihnen gerne mögliche Lösungsansätze aufzeigen, wie dieses Problem in den Griff zu bekommen wäre. …
>
> Mit freundlichen Grüßen

Forscherstation 5: Die Kuh ist schuld!?

Stationszettel

An dieser Station sollt ihr herausfinden, welche verschiedenen Auswirkungen die Landwirtschaft auf unsere Umwelt und das Klima hat und welche Möglichkeiten es gibt, diese zu verringern. Außerdem sollt ihr folgende **Kompetenzen** stärken:
- Inhalte eigenständig erklären
- Stellung beziehen und begründen
- Zusammenhänge in einem Flussdiagramm darstellen

So geht ihr vor:

1. Lest die Informationsseite 1 gründlich durch und unterstreicht euch unbekannte Begriffe. Schreibt diese heraus und findet Erklärungen in Lexika, Schulbüchern oder dem Internet.

EA 2. In diesem Text sind neun Wörter fettgedruckt. Jeder von euch nimmt je drei aufeinander folgende Wörter und versucht, diese miteinander in Beziehung zu bringen. Erzählt euch gegenseitig von euren Einfällen.

EA 3. Bearbeitet alleine den Forscherauftrag.

4. Vergleicht, ergänzt und korrigiert euer Ergebnis.

EA 5. Nehmt schriftlich Stellung zu je einer Meinung auf der Informationsseite 2. Erklärt und begründet eure Sichtweise.

6. Präsentiert euch gegenseitig eure Stellungnahmen und diskutiert darüber.

7. Lest die Zeitungsmeldung und die Hintergrundinformationen zu Stickstoff und Lachgas (Informationsseite 3) genau durch.

8. Erstellt ein Flussdiagramm, das veranschaulicht, inwiefern das Futter (z. B. für Schweine) Auswirkungen auf das Klima hat.

EA 9. Kontrolliert mit den Lösungsvorschlägen eure Ergebnisse und heftet sie in euer Lerntagebuch.

10. Erarbeitet eure Beiträge zu Ursachenforschung (rote Kärtchen) und Lösungsmöglichkeiten (grüne Kärtchen). Werft sie anschließend in die entsprechende Box.

11. Entscheidet gemeinsam, ob ihr die Zusatzaufgabe *Forscherauftrag spezial* lösen wollt.

Forscherstation 5: Die Kuh ist schuld!?

Informationsseite 1

In der Landwirtschaft werden mithilfe der **Nutzung des Bodens** pflanzliche und tierische Rohstoffe erzeugt.

Die wichtigsten Arten der Bodennutzung sind der Ackerbau, das Dauergrünland mit Wiesen und Weiden sowie Dauerkulturen wie Obstanlagen.

In Mitteleuropa wird das **Ackerland** vor allem genutzt für den Anbau von Getreide, Kartoffeln, Zuckerrüben, Ölfrüchten (Raps, Senf, Sonnenblumen) und Ackerfutter (z. B. Mais oder Futterrüben).

Neben dieser Art der landwirtschaftlichen Nutzung von Ackerland ist vor allem die **Viehzucht** (Rinder, Schweine, Hühner) verbreitet.

Die Landwirtschaft erzeugt also für uns Menschen lebensnotwendige Grundnahrungsmittel. Allerdings ist sie dabei auch einer der größten Verursacher klimaschädlicher Gase.

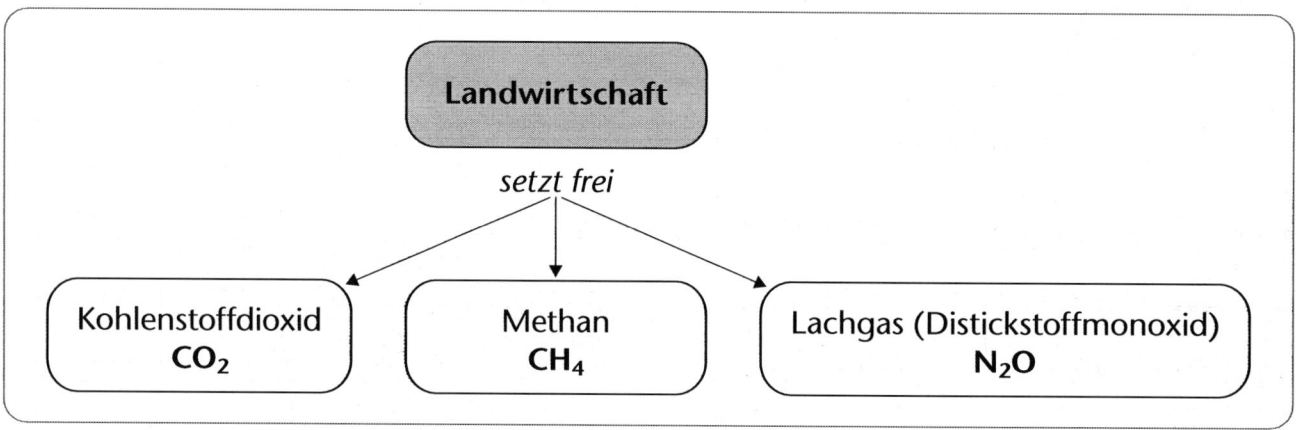

Neben dem Kohlenstoffdioxid ist **Methan** zu etwa 15 Prozent verantwortlich für den Treibhauseffekt. Dessen klimaschädliche Wirkung ist mindestens 23 mal stärker als die von CO_2. Allein die Landwirtschaft trägt – weltweit betrachtet – ein Viertel dieser Methanemissionen bei. Davon stammen 16 Prozent aus der **Nutztierhaltung** und 9 Prozent aus dem Reisanbau.

In Deutschland und in Ländern mit vergleichbaren Rinderbeständen stammen etwa 60 Prozent der Methanemissionen aus der Rinderhaltung. Das Methan(-gas) entsteht bei der **Verdauung** der Cellulosebestandteile des Futters. Häufig geht man davon aus, dass Blähungen der Kühe Ursache der Methanbildung sind, aber das ist falsch, denn 90 Prozent werden beim Rülpsen ausgestoßen. Kühe sind sogenannte Wiederkäuer. Die tägliche Methanemission je Rind ist abhängig von der **Nutzungsart**: Milchkühe produzieren deutlich mehr Methan (200–400 g pro Tag) als Mastrinder (80–220 g). Also produziert eine Milchkuh jährlich so viel CO_2 wie ein Mittelklassewagen, der 25 000 Kilometer fährt. Durch die **Zusammensetzung des Futters** ist es möglich, den Fleischzuwachs bzw. die Milchleistung zu lenken.

Forscherstation 5: Die Kuh ist schuld!?

Forscherauftrag

1. Kreuze an, wie viel Prozent der Methanemissionen weltweit durch die Landwirtschaft verursacht werden.

   a) 16% ☐   b) 19% ☐   c) 30% ☐

2. Nenne die klimaschädlichen Gase, die in der Landwirtschaft ausgestoßen werden.

   _____

   _____

3. Erläutere, wie in der Rinderhaltung Methan(-gas) entsteht.

   _____

   _____

4. Zeige auf, welchen Einfluss das Tierfutter auf die Methan-Produktion hat.

   _____

   _____

   _____

5. Überlege Möglichkeiten, wie die Methanemissionen in der Viehzucht reduziert werden können.

   _____

   _____

   _____

   _____

   _____

Forscherstation 5: Die Kuh ist schuld!?

Informationsseite 2

Meinung 1

„Große Waldgebiete werden abgeholzt, weil die Nachfrage nach Holz weiter steigt. Das ist gar nicht schlecht, denn dann kann man die freien Flächen gleich gut für die Rinderhaltung nutzen."

Meinung 2

„Das Methan-Problem ist nicht so wild, wenn man die Rinder oder Schweine so füttert, dass sie vorne und hinten viel weniger Methan ausstoßen."

Meinung 3

„Einfach mal realistisch bleiben: Wildtiere tragen immerhin auch zu den Methanemissionen bei. So erzeugt ein einziger Elefant etwa 2 400 Gramm Methan pro Tag!"

Meine Stellungnahme zu Meinung ____:

_____
_____
_____
_____
_____
_____
_____

Forscherstation 5: Die Kuh ist schuld!?

Informationsseite 3

Richtige Fütterung = Klimaschutz

Offen für umweltschonende Fütterung zeigten sich die Landwirte in einer Veranstaltung der Landwirtschaftskammer Niedersachsen in Lingen.
Die Bezirksstelle Emsland informierte über die Zusammenstellung einer optimierten Fütterung, die sowohl in der Ferkelerzeugung als auch in der Schweinemast eingesetzt werden kann. Mit der nährstoffreduzierten Futtermischung lassen sich die Ausscheidungen der Schweine verringern, sodass auch weniger Stickstoff in die Gülle gelangt.

Kleine Stoffkunde 1

Lachgas

Hinter diesem harmlosen Namen verbirgt sich ein ganz und gar nicht harmloser Stoff, der die Ozonschicht enorm schädigt. Neben CO_2 und Methan ist das Lachgas N_2O (Distickstoffmonoxid) daher ein weiteres klimaschädliches Gas. Für dieses Gas gibt es in der Landwirtschaft zwei Quellen:
Zum einen wird der im Mineraldünger (Handelsdünger) gebundene Stickstoff durch verschiedene chemische Vorgänge im Boden in Lachgas umgewandelt.
Zum anderen wird Lachgas auch dann freigesetzt, wenn man die Gülle aus der Tierhaltung als Dünger verwendet und auf die Felder ausbringt.

Kleine Stoffkunde 2

Stickstoff

Stickstoff ist ein chemisches Element und ein wichtiger Bestandteil von Eiweiß. Daher ist er für alle Lebewesen von Bedeutung. Stickstoff ist ein Bestandteil von Luft, kann aber in dieser Form von den Pflanzen nicht aufgenommen werden.
Erst 1916 gelang es, den Luftstickstoff zu binden und bei der Herstellung von Handelsdünger einzusetzen.

Lerntheke Klima- und Umweltschutz

Forscherstation 5: Die Kuh ist schuld!?

Forscherauftrag spezial

1. Recherchiert im Internet, welche Unterschiede es zwischen der konventionellen und der ökologischen Landwirtschaft gibt.

   Konzentriert euch dabei auf folgende Aspekte:
   - Futter
   - Schutzmittel für Pflanzen
   - Tierhaltung
   - Umgang mit tierischen und pflanzlichen Resten
   - Rechte und Pflichten

	konventionelle Landwirtschaft	ökologische Landwirtschaft
Futter		
Schutzmittel für Pflanzen		
Tierhaltung		
Umgang mit tierischen und pflanzlichen Resten		
Rechte und Pflichten		

2. Entwerft ein übersichtliches Schaubild zur ökologischen Landwirtschaft.

Lerntheke Klima- und Umweltschutz

Forscherstation 5: Die Kuh ist schuld!?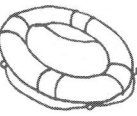

Hilfestellung zu Aufgabe 5

Formulierungshilfen:
- Ich bin der Meinung, dass …
- Meiner Meinung nach …
- Ich denke …
- Ich bin davon überzeugt, dass …
- Aufgrund der Tatsache, dass (…) bin ich überzeugt, dass …
- Nach meiner Auffassung …

Inhalt und Aufbau:

Zu einer Stellungnahme gehört es, sie mit Gründen und Argumenten zu untermauern. Die Informationstexte und deine eigenen Erfahrungen können dir dabei helfen.

Forscherstation 5: Die Kuh ist schuld!?

Hilfestellung zu Aufgabe 8

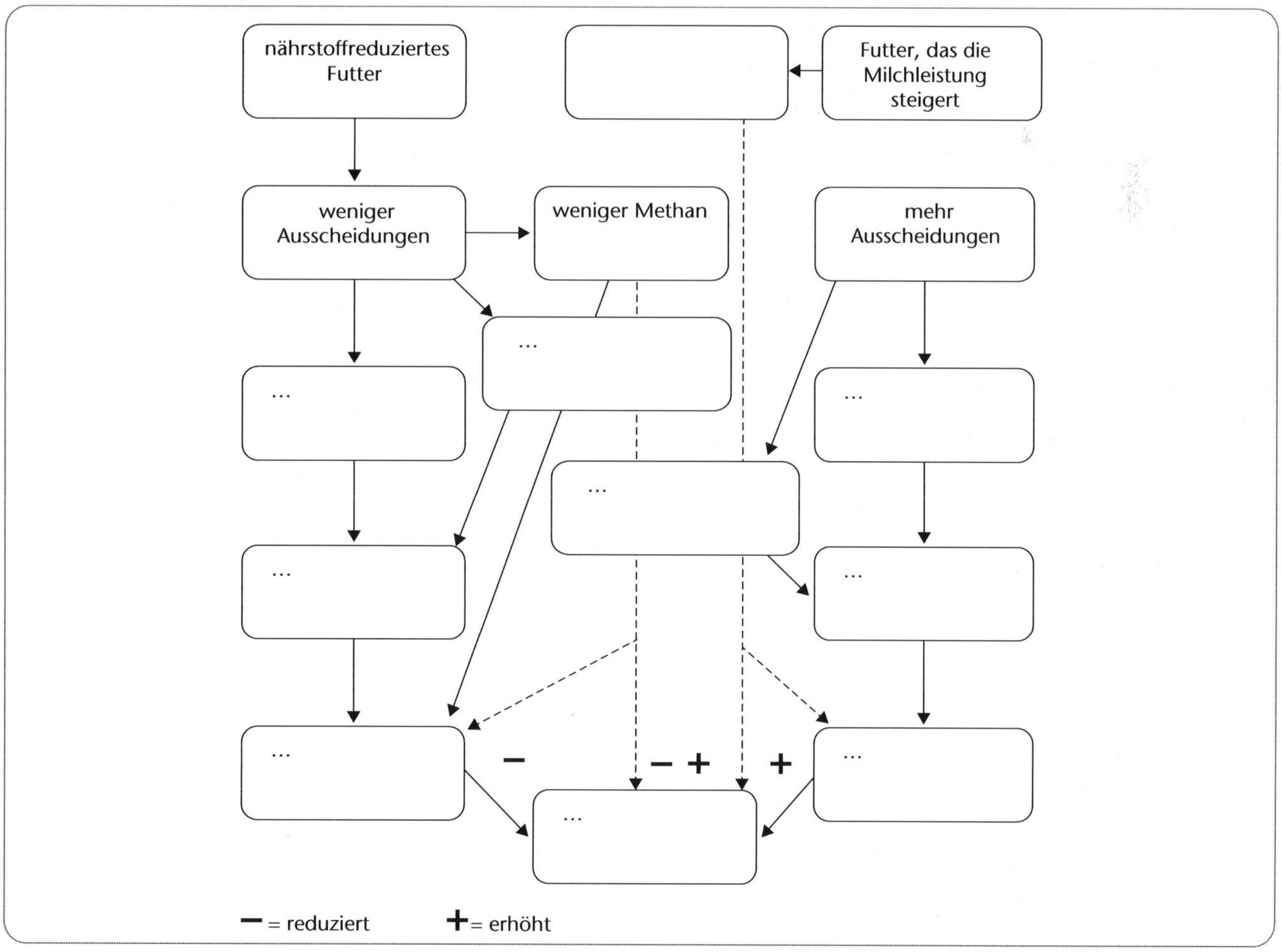

− = reduziert   + = erhöht

Forscherstation 5: Die Kuh ist schuld!?

Hilfestellung zum *Forscherauftrag spezial*

1. Passende Informationen sind unter folgenden Links zu finden:

   http://www.bund.net/themen/landwirtschaft/folgen-fuer-das-klima/konventionell-vs-oeko/

   https://www.planet-wissen.de/gesellschaft/landwirtschaft/anbaumethoden/pwieoekologischeranbau100.html

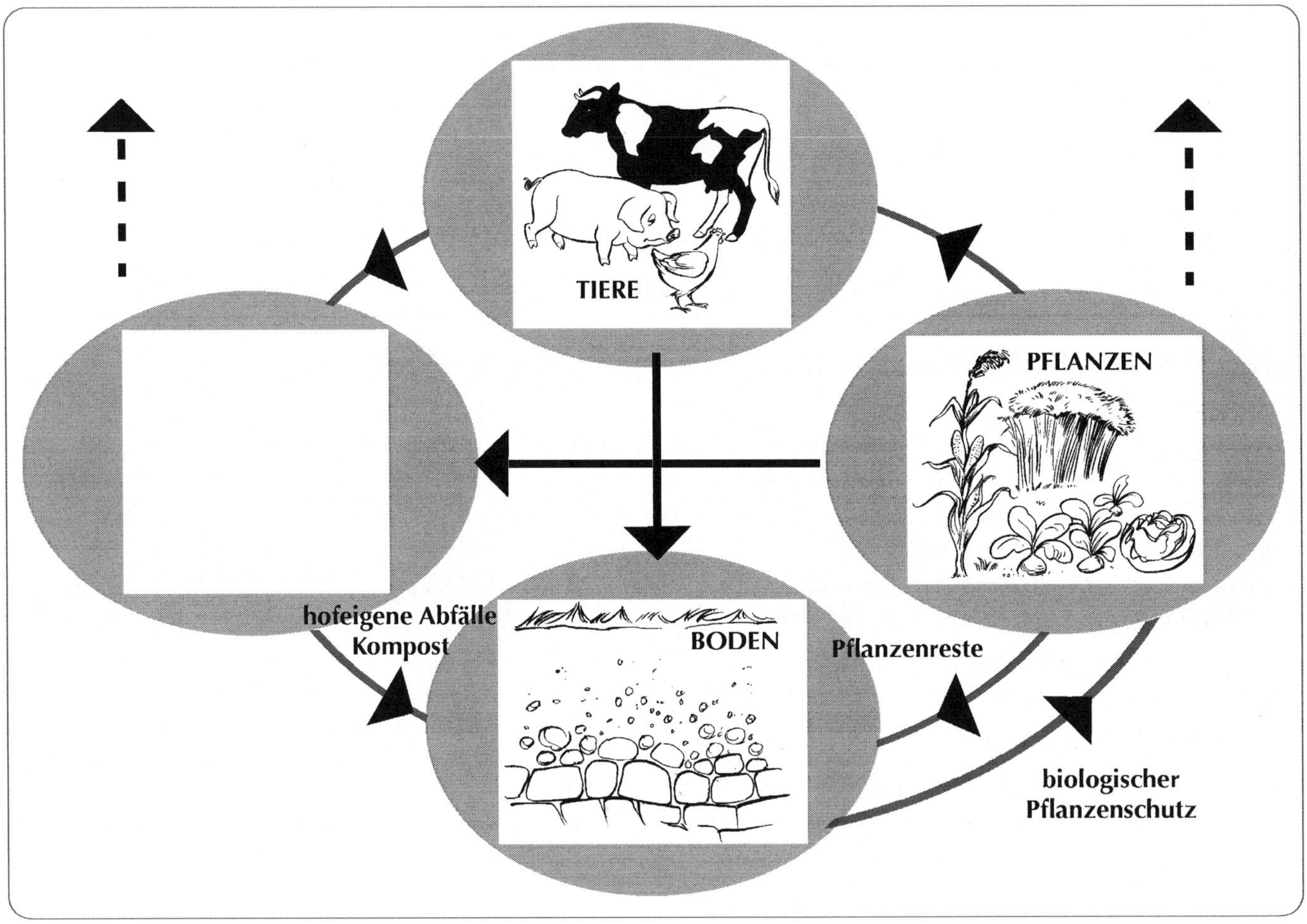

Forscherstation 5: Die Kuh ist schuld!?

Lösungsvorschlag zu Aufgabe 3

1. Kreuze an, wie viel Prozent der Methanemissionen weltweit durch die Landwirtschaft verursacht werden.

   a) 16% ☐   b) 19% ☐   c) 30% ☒

2. Nenne die klimaschädlichen Gase, die durch die Landwirtschaft entstehen.

   Methan, Kohlenstoffdioxid, Lachgas (Distickstoffmonoxid)

3. Erläutere, wie in der Rinderhaltung Methan(-gas) entsteht.

   Das Methan(-gas) entsteht bei der Verdauung der Cellulosebestandteile des Futters.

4. Zeige auf, welchen Einfluss das Tierfutter auf die Methan-Produktion hat.

   Die tägliche Methanemission je Rind ist abhängig von der Nutzungsart: Milchkühe produzieren mehr Methan (200–400 Gramm pro Tag) als Mastrinder (80–220 Gramm pro Tag).

5. Überlege Möglichkeiten, wie die Methanemissionen in der Viehzucht reduziert werden können.

   Beispielsweise könnte man das Vieh ohne Zusätze, die zu einer Erhöhung des Fleischwachstums oder der Milchproduktion führen, füttern. Dies würde die Methanproduktion der Tiere verringern.

Forscherstation 5: Die Kuh ist schuld!?

Lösungsvorschlag zu Aufgabe 5

Mögliche Stellungnahme zu Meinung 1:

Ich bin davon überzeugt, dass das Abholzen großer Waldflächen für das Klima und die Umwelt sehr wohl schädlich ist. Denn der Wald bindet CO_2, er ist ein CO_2-Speicher. Wenn er abgeholzt wird, kann er diese Aufgabe nicht mehr erfüllen. Außerdem stellt die Idee, riesige Rinderherden in den gerodeten Gebieten zu züchten, eine weitere Verschlimmerung dar. Denn aufgrund ihrer enormen Methanemissionen sind diese als sehr negativ für das Klima einzustufen.

Mögliche Stellungnahme zu Meinung 2:

Meiner Meinung nach ist das grundsätzlich eine gute Idee, denn die Methanemissionen würden so tatsächlich verringert. Aber man darf nicht vergessen, dass dies in der Praxis sehr schwer umzusetzen ist. Denn die riesigen Herden auf den Weiden werden nicht von Menschenhand gefüttert, sondern fressen selbstständig. Somit ist eine Einflussnahme des Menschen auf das Futter nur sehr bedingt möglich.

Mögliche Stellungnahme zu Meinung 3:

Ich denke, dass man sich mit dem Hinweis auf die Wildtiere nur herausreden will. Schließlich ist es ein grundlegender Unterschied, ob Tiere klimaschädliche Gase ausstoßen, weil sie „ganz natürlich" leben oder ob Nutztiere aufgrund der enormen Nachfrage nach Milch- und Fleischprodukten von Menschen bewusst gezüchtet werden.
Daher sollte man nicht versuchen, auf die Wildtiere abzulenken, sondern sich lieber Gedanken machen, wie die Methanemissionen in der Viehzucht reduziert werden können.

Forscherstation 5: Die Kuh ist schuld!?

Lösungsvorschlag zu Aufgabe 8

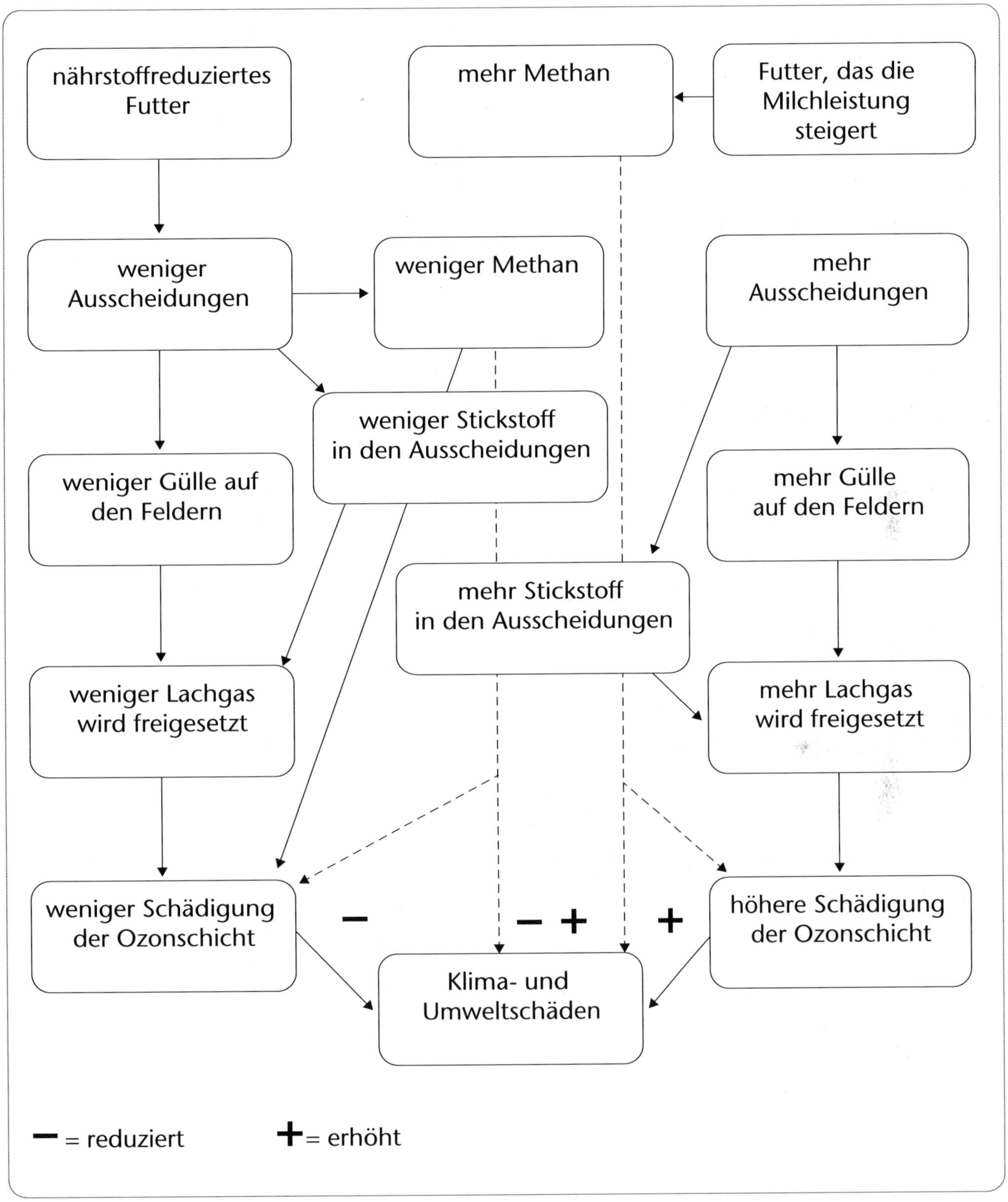

```
nährstoffreduziertes          mehr Methan  ←  Futter, das die
     Futter                                    Milchleistung
        ↓                                        steigert
   weniger          weniger Methan            mehr
 Ausscheidungen                           Ausscheidungen
        ↓                    ↓                    ↓
   weniger Gülle    weniger Stickstoff       mehr Gülle
   auf den Feldern  in den Ausscheidungen    auf den Feldern
        ↓                                         ↓
                    mehr Stickstoff
                    in den Ausscheidungen
        ↓                                         ↓
   weniger Lachgas                          mehr Lachgas
   wird freigesetzt                         wird freigesetzt
        ↓                                         ↓
   weniger Schädigung   −   −+   +    höhere Schädigung
   der Ozonschicht                     der Ozonschicht
                    Klima- und
                    Umweltschäden
```

− = reduziert   **+** = erhöht

Lerntheke Klima- und Umweltschutz

Forscherstation 5: Die Kuh ist schuld!?

Lösungsvorschlag zum *Forscherauftrag spezial*

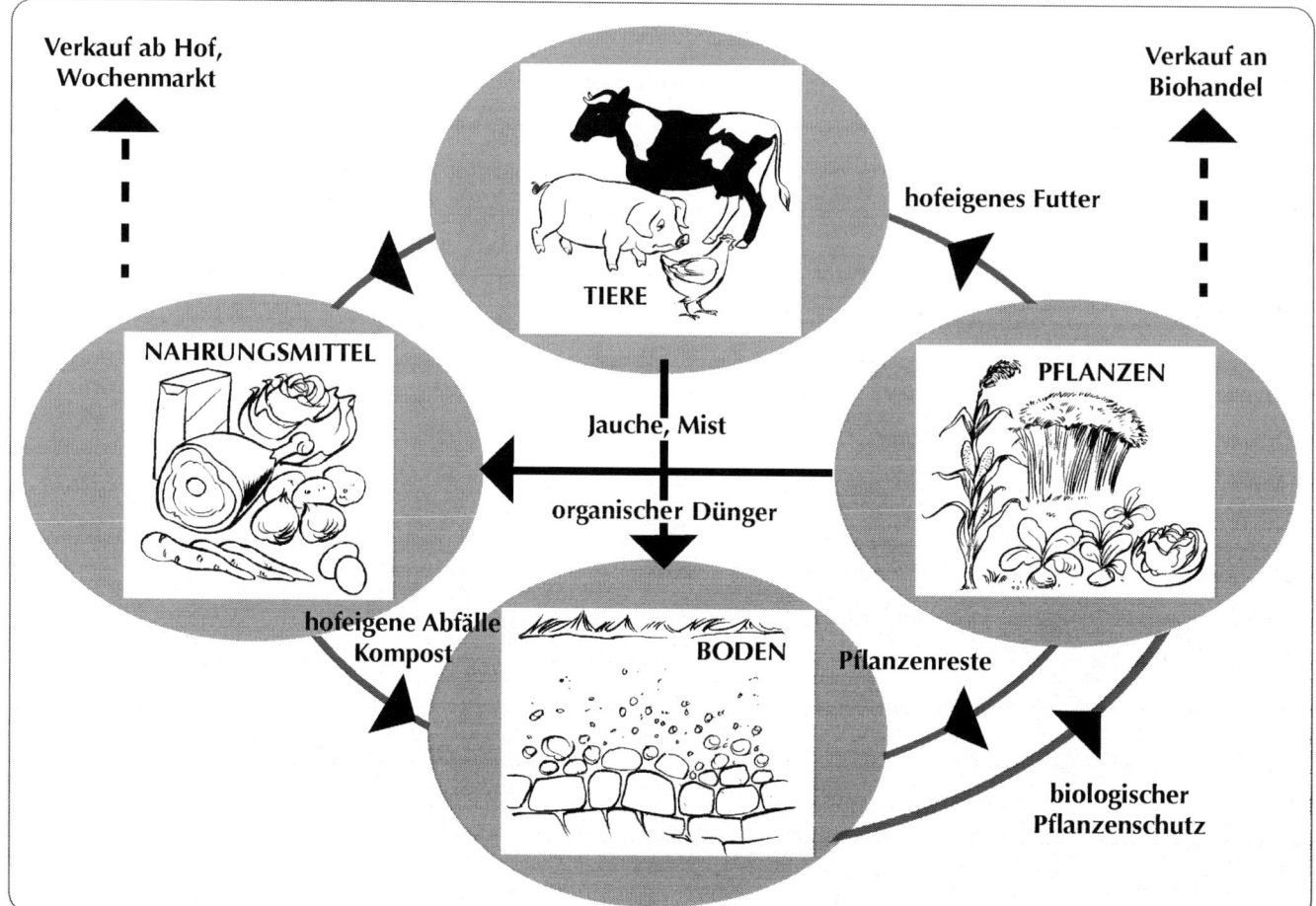

Wahlstation 1: Der ökologische Fußabdruck

Stationszettel

Der ökologische Fußabdruck – Was ist das?

Der ökologische Fußabdruck veranschaulicht, wie viel Fläche auf der Erde benötigt wird, wenn man den eigenen alltäglichen Verbrauch an Ressourcen auf die gesamte Menschheit übertragen würde.

So ergeben die Daten der NGO Global Footprint Network, dass drei Erden benötigt wären, wenn alle Menschen auf der Erde so viele Ressourcen verbrauchen würden wie der durchschnittliche Deutsche. Im Weltdurchschnitt sind es immerhin 1,75 Erden, Spitzenreiter ist übrigens Katar mit 9 benötigten Erden.

Besucht die folgende Internetseite und berechnet dort euren eigenen ökologischen Fußabdruck.

https://www.fussabdruck.de/

Wahlstation 2: Das „Utopia-Haus"

Stationszettel

In 90 Jahren könnte die Durchschnittstemperatur eines Jahres in Mitteleuropa um 4° C höher sein als heute. Die zu erwartenden Folgen dieses Klimawandels sind vielseitig:

- mehr Hochwasser?
- mehr Stürme?
- längere Sommer?
- extreme Hitze in den Sommermonaten?
- kürzere aber härtere Winter?
- mehr Regen?

Entwerft gemeinsam ein „Utopia-Haus".
Zeichnet dazu ein Haus der Zukunft, das an die möglichen Folgen des Klimawandels angepasst ist.
Ihr braucht dabei nicht zu beachten, was das Haus kosten würde oder ob es tatsächlich realistisch umsetzbar wäre. Denn „Utopia" bzw. „Utopie" meint eine Vision, bzw. einen Wunschtraum, der ohne reale Grundlage ist.

Optional: Stehen euch weitere Materialien (z. B. Zeitschriften, alte Zeitungen, Natur- oder Bastelmaterialien) zur Verfügung, dürft ihr auch diese gerne zur Gestaltung eures „Utopia-Hauses" verwenden.

Lerntheke Klima- und Umweltschutz

Wahlstation 3: Das Klima- und Umweltschutzspiel

Stationszettel

Spielregeln:

1. Der jüngste Spieler beginnt.

2. Es wird im Uhrzeigersinn gespielt.

3. Der erste Spieler würfelt und begibt sich auf das entsprechende Feld. Dabei ist egal, in welche Richtung er seine Spielfigur bewegt.

4. Passend zu dem Symbol auf dem Feld entnimmt der linke Nachbar des Spielers die entsprechende Informationskarte und nennt das Thema, z. B. Energiesparen in der Schule.

5. Der Spieler muss nun drei Möglichkeiten nennen, z. B. wie in der Schule Energie gespart werden kann.
   - Befinden sich seine Aussagen auf der Informationskarte (sie müssen nicht wörtlich übereinstimmen), erhält der Spieler zwei Energiechips.
   - Hat er nur zwei richtige Antworten gegeben, erhält er einen Energiechip.
   - Bei nur einer oder keiner richtigen Antwort geht der Spieler leer aus.

6. Wer zuerst zehn Energiechips erspielt hat, gewinnt.

7. Auf jeder Informationskarte ist noch Platz für eine weitere Lösungsmöglichkeit, sofern eine genannt wird und alle Spieler der Gruppe mit dieser einverstanden sind.

Material:

- 3 Spielfiguren
- Würfel
- Spielfeld
- Informationskarten
- Energiechips

Wahlstation 3: Das Klima- und Umweltschutzspiel

Informationskarten, Teil 1

Energiesparen in der Schule

- Lampen ausschalten, wenn sie nicht benötigt werden
- Geräte nach dem Gebrauch richtig ausschalten
- richtig lüften
- Heizung nicht zu hoch aufdrehen
- keine Papierhandtücher benutzen
- _____

Energiesparen im Bad

- Wasser nicht laufen lassen
- Warmwasser sparsam verbrauchen
- Shampoo etc. sparsam verwenden
- Toilettenspülung angemessen nutzen
- Stecker von Fön etc. ausziehen
- selten baden
- _____

Energiesparen zu Hause

- in länger beleuchteten Räumen Energiesparlampen verwenden
- Geräte nicht auf „Stand-by" lassen
- keine Möbel vor Heizkörper stellen
- Fenster zum Lüften kurz ganz öffnen, nicht gekippt lassen
- Stecker ziehen, wenn ein Gerät nicht mehr gebraucht wird
- Mehrfachstecker mit Kippschalter benutzen
- _____

Altstoffsammelstellen

Hier kann man abgeben:
- Buntglas
- Weißglas
- Altpapier
- Bioabfälle
- Kunststoffe
- Problemstoffe
- Sperrmüll
- Altmetall
- _____

Energiesparen in der Küche

- Geschirrspüler nur ganz voll einschalten
- Kühl- und Gefrierschrank nur öffnen, wenn nötig
- keine warmen Speisen in den Kühlschrank stellen
- Topf passend zur Herdplatte wählen
- Deckel auf die Töpfe setzen, wenn erhitzt wird
- _____

Haushaltstipps

- richtiger Einsatz von Reinigungsmitteln
- umweltfreundliches Reinigen
- überlegter Kauf von Haushaltsgeräten
- Vermeidung von unnötigem Abfall
- Müll trennen
- Mülltüten ganz befüllen
- _____

Wahlstation 3: Das Klima- und Umweltschutzspiel

Informationskarten, Teil 2

Müllvermeidung

- statt mehrfach verpackten Waren (z. B. Äpfel in Plastikschale und Folie) lieber Unverpacktes kaufen
- keine Plastiktüten verwenden, sondern Stofftaschen
- Verpackungsmaterial wiederverwenden
- _____

Energiesparen auf dem Schulweg

- mit dem Fahrrad fahren
- zu Fuß gehen, wenn möglich
- Fahrgemeinschaften bilden
- öffentliche Verkehrsmittel nutzen
- _____

Energiechips

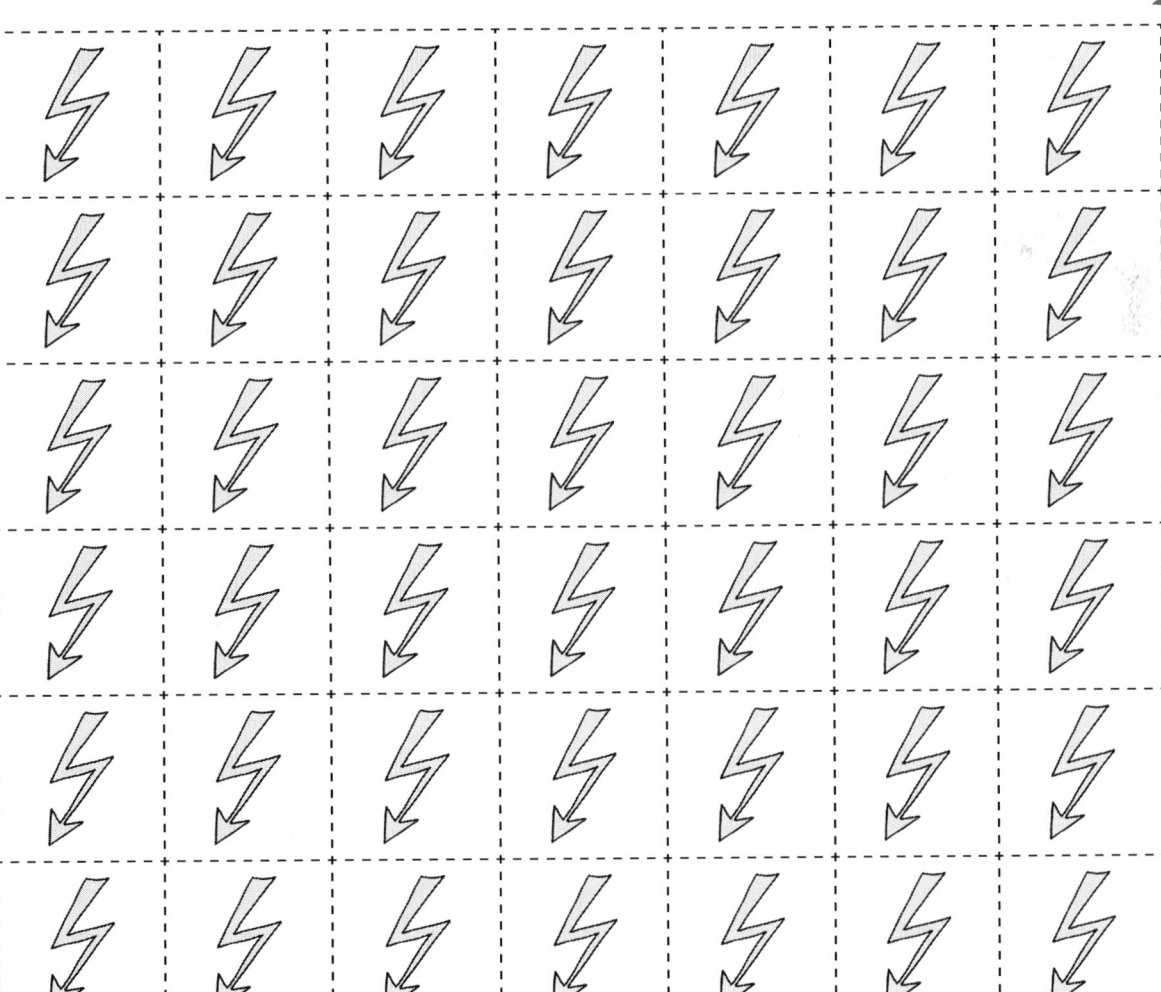

Wahlstation 3: Das Klima- und Umweltschutzspiel

Spielfeld

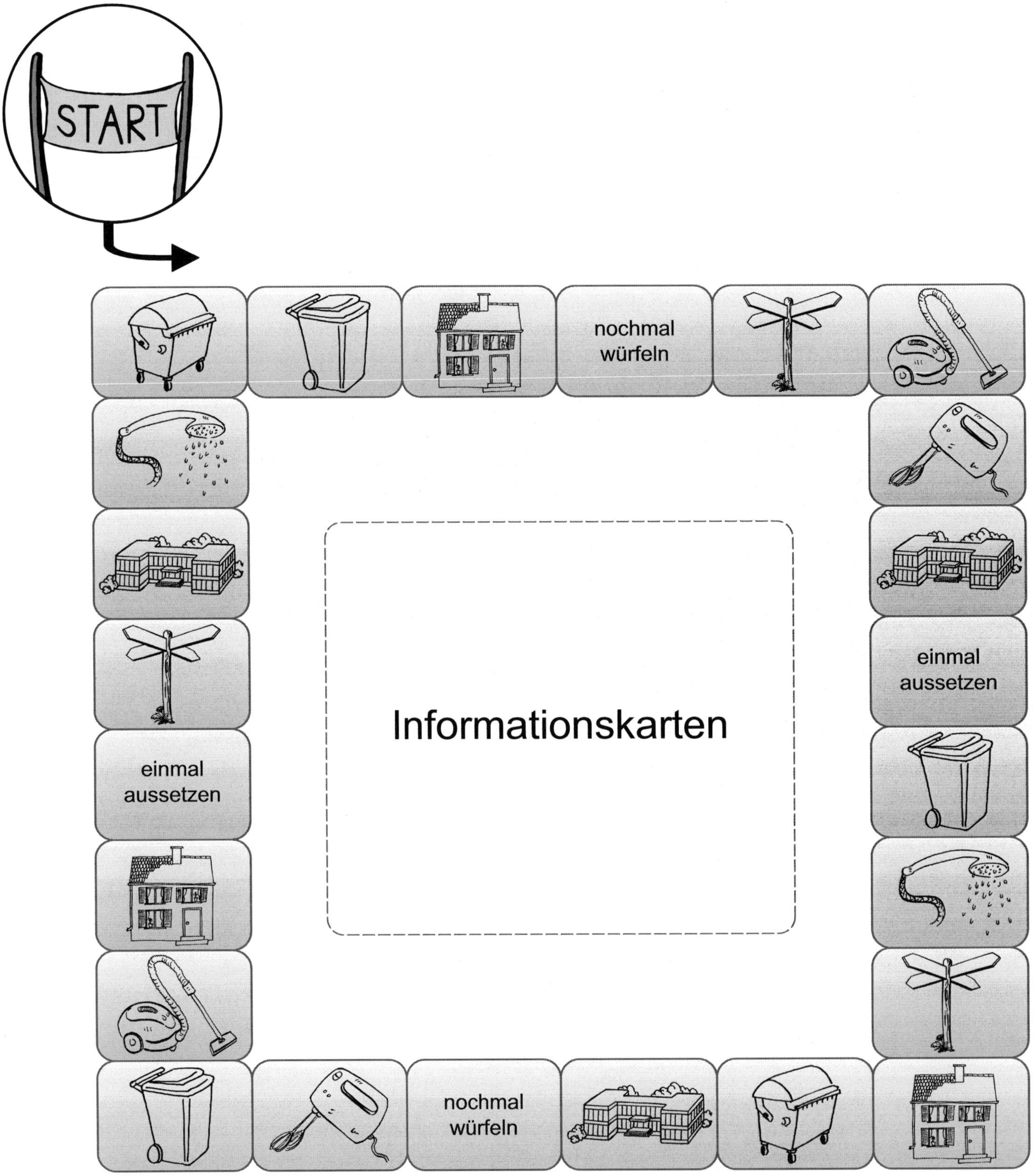

Informationskarten

Lerntheke Klima- und Umweltschutz

Wahlstation 4: Gewinner und Verlierer – Verheerende Folgen

Stationszettel

Die an dieser Station ausgelegten Fotos stehen symbolisch für Veränderungen, die der Klimawandel mit sich bringen wird.

1. Findet mithilfe der Informationsseiten 1 und 2 den Zusammenhang zwischen den Fotos und deren Überschriften heraus.

2. Verfasst einen Zeitungsartikel zu einer der Überschriften oder dreht einen Podcast als Reporter vor Ort.

> **Tipps zur Umsetzung:**
> - Ihr könnt den Artikel/die Reportage ernsthaft, provokativ, witzig oder ironisch verfassen.
> - Schmückt bzw. veranschaulicht euren Text durch eine Karikatur, ein Foto oder ein Diagramm.
> - Führt ein fiktives Interview und baut so Informationen aus den von euch zuvor bearbeiteten Stationen ein.

Wahlstation 4: Gewinner und Verlierer – Verheerende Folgen

Holland in Not – Badespaß in Nordrhein-Westfalen

Wahlstation 4: Gewinner und Verlierer – Verheerende Folgen

Erdbeeren in Grönland – Weinanbau in England

Wahlstation 4: Gewinner und Verlierer – Verheerende Folgen

Heiße Nächte in Spanien – Abkühlung am Berliner Strand

Wahlstation 4: Gewinner und Verlierer – Verheerende Folgen

Informationsseite 1

Erdbeeren in Grönland

Für die Bewohner im Süden Grönlands bringt die Klimaerwärmung Vor- und Nachteile. Bei manchen Häusern versinken die Fundamente im Boden, denn sie stehen auf Permafrostboden – und der taut auf. Auch das Meer erwärmt sich und das verschlechtert die Qualität der Garnelen, die die Fischer fangen. Dafür können sie jetzt oft das ganze Jahr fischen, denn die Häfen frieren seltener oder gar nicht mehr zu. Und es tun sich auch ganz neue Landwirtschaftszweige auf. Mittlerweile können dort Kartoffeln angebaut und Freiland-Erdbeeren herangezogen werden.

Für die Tier- und Pflanzenwelt ist die Erderwärmung eine große Bedrohung. Das Eis im Nordpolarmeer ist ein Schutzraum, der vielen Tieren zur Geburt und Aufzucht ihrer Jungen dient. Durch den stetigen Rückgang des Eises wird den dort lebenden Tieren, wie z. B. den Robben, die Lebensgrundlage genommen. Wenn das Eis zu früh im Jahr schmilzt, können die Robben ihre Jungen nicht lange genug aufziehen, da sie oftmals von abbrechenden Schollen getrennt werden.

Englische Winzer profitieren vom Klimawandel

England ist für vieles berühmt – sicherlich aber nicht für seine Weine. Doch das kann sich bald ändern. Schon heute gibt es eine beachtliche Produktion durchaus trinkbarer britischer Weine. So hat sich der Weinbau in Südengland in den letzten Jahren vom absoluten Geheimtipp zu einem stetig wachsenden Wirtschaftszweig gemausert.

Verantwortlich dafür ist der Klimawandel, der auf der Insel ganz neue klimatische Bedingungen schafft. Immer öfter verdrängt Schönwetter das auf der Insel eigentlich vorherrschende nasskalte Wetter. Klimaforscher sagen daher voraus, dass bis zum Jahr 2080 in beinahe ganz England Wein angebaut werden kann. Besonders britischem Weißwein wird eine große Zukunft vorausgesagt.

Wahlstation 4: Gewinner und Verlierer – Verheerende Folgen

Informationsseite 2

Zukunft in Flammen – wie Waldbrände dem Klimawandel einheizen

Es brennt! Immer häufiger und immer heftiger. In Spanien, Kalifornien, Australien und vielen anderen Orten der Welt haben Mensch und Natur mit
5 immer intensiveren Waldbränden zu kämpfen. Schuld ist unter anderem der Klimawandel – und die Brände heizen ihn weiter an. Die fatale Wechselwirkung von Klimaveränderung und
10 Waldbränden zeigt ein aktueller Report von Greenpeace Spanien.

Der Report *Die Zukunft in Flammen* beschreibt, wie sich der Charakter der Waldbrände verändert hat. Sie werden zunehmend extremer und feuern damit den Klimawandel im wahrsten Sinne des Wortes an. Gleichzeitig ist
15 das Phänomen des Klimawandels mitverantwortlich für diese neue Generation von Feuern. Steigende globale Temperaturen führen zu immer häufigeren Hitzewellen, die Wassermangel und Dürre auslösen – Zündstoff für die jährlichen Waldbrände.

In vielen Regionen mit mediterranem Klima, wie Griechenland, Portugal,
20 Spanien, Australien oder Kalifornien, ist es für das Feuer dann ein Leichtes, sich rasend schnell durch die trockene Vegetation hindurch zu fressen. Durch starke Winde angefacht, bedrohen die Waldbrände immer häufiger auch bewohnte Gebiete. Sollten sich die meteorologischen Bedingungen nicht ändern, wird es in Zukunft dem Menschen nicht mehr möglich sein,
25 die Flammen unter Kontrolle zu bringen.

Die häufigeren und stärkeren Waldbrände heizen auch den Klimawandel immer weiter an. [...] So ist die Ausbreitung der Feuer nicht nur durch den Klimawandel bedingt, sie trägt sogar weiter zu dessen Zunahme bei.
[...]

Quellenverzeichnis

Bildquellen:

S. 16, 24: toter Eisbär © Ansgar Walk [CC BY-SA 3.0 (https://creativecommons.org/licenses/by-sa/3.0/)], Wikimedia, http://commons.wikimedia.org/wiki/File:Eisb%C3%A4r_2004-11-17.jpg

S. 16, 33: ölverschmierter Vogel © Marine Photobank [CC BY 2.0 (https://creativecommons.org/licenses/by/2.0/)], Wikimedia, http://commons.wikimedia.org/wiki/File:Oiled_Bird_-_Black_Sea_Oil_Spill_111207.jpg?uselang=de

S. 17, 41: toter Wald © Huhulenik [CC BY 3.0 (https://creativecommons.org/licenses/by/3.0/)], Wikimedia, https://commons.wikimedia.org/wiki/File:Poledn%C3%ADk_%2815%29.jpg

S. 17, 54, 55: Wildschwein © Frank Vincentz [CC BY-SA 3.0 (https://creativecommons.org/licenses/by-sa/3.0/)], Wikimedia, http://commons.wikimedia.org/wiki/File:Sus_scrofa_ies.jpg

S. 18, 64, 66, 72: Kuh © Maik Meid, Flickr, http://www.flickr.com/photos/frnetz/4764309188/sizes/l/in/photostream/

S. 21: Glaskugel © koya979, Shutterstock.com

S. 25: Eisbär auf Nahrungssuche © Smudge 9000 [CC BY-SA 2.0 (https://creativecommons.org/licenses/by-sa/2.0/)], Wikimedia, http://commons.wikimedia.org/wiki/File:Polar_bear_-_still_wet_from_a_close_shave....jpg?uselang=de

S. 26: Atlantikkarte © Central Intelligence Agency, Wikimedia, http://commons.wikimedia.org/wiki/File:Atlantik-Karte.png

S. 27: Schaubild Eisdicke (bearbeitet) © U.S. National Oceanic and Atmospheric Administration, Wikimedia, http://commons.wikimedia.org/wiki/File:Arctic_Ice_Thickness.gif

S. 29: Grinnell Gletscher 1938 © T. J. Hileman, Wikimedia, http://commons.wikimedia.org/wiki/File:Grinnell_Glacier_1938.jpg?uselang=de

S. 29: Grinnell Gletscher 2005 © Blase Reardon, Wikimedia, http://commons.wikimedia.org/wiki/File:Grinnell_Glacier_2005.jpg?uselang=de

S. 29: Zugspitzgletscher © Svíčková [CC BY-SA 3.0 (https://creativecommons.org/licenses/by/3.0/)], Wikimedia, http://commons.wikimedia.org/wiki/File:N%C3%B6rdlicher_Schneeferner.JPG

S. 34: Bohrinsel © Swinsto101 [CC BY-SA 3.0 (https://creativecommons.org/licenses/by-sa/3.0/)], Wikimedia, http://commons.wikimedia.org/wiki/File:Troll_A_Platform.jpg

S. 36: Tanken © Rama, Wikimedia, http://commons.wikimedia.org/wiki/Category:Petrol_pumps?uselang=de#mediaviewer/File:Petrol_pump_mp3h0355.jpg

S. 37: Kosmetikartikel © KaurJmeb, Wikimedia, https://commons.wikimedia.org/wiki/File:Cosmetics.JPG?uselang=de

S. 38: Deepwater Horizon © U.S. Coast Guard, Wikimedia, http://commons.wikimedia.org/wiki/File:Deepwater_Horizon_offshore_drilling_unit_on_fire_2010.jpg

S. 39: Wald © Julia Ivantsova, Shutterstock.com

S. 39: Ölfeld und Pipelines © Christopher Halloran, Shutterstock.com

S. 42: Harvester © Hajotthu [CC BY-SA 3.0 (https://creativecommons.org/licenses/by-sa/3.0/)], Wikimedia, http://commons.wikimedia.org/wiki/File:HarvesterKieferwld.jpg

S. 42: Mountainbike © Andy Armstrong [CC BY-SA 2.5 (https://creativecommons.org/licenses/by-sa/2.5/)], Wikimedia, http://commons.wikimedia.org/wiki/File:Mountainbike-jump.jpg

S. 42: Rehe © Phaas1941 [CC BY-SA 3.0 (https://creativecommons.org/licenses/by-sa/3.0/)], Wikimedia, http://commons.wikimedia.org/wiki/File:Reh_mit_Kitz_auf_der_Big-Meadows_im_Shenandoah_National_Park.JPG?uselang=de

S. 42: Waldfriedhof © Z thomas [CC BY 3.0 (https://creativecommons.org/licenses/by/3.0/)], Wikimedia, http://commons.wikimedia.org/wiki/File:Waldfriedhof.JPG?uselang=de

S. 42: Waldspaziergang © Gemenacom, Shutterstock.com

S. 44: Windbruch © Walter J. Pilsak, Waldsassen [CC BY-SA 3.0 (https://creativecommons.org/licenses/by-sa/3.0/)], Wikimedia, http://commons.wikimedia.org/wiki/File:Windbruch-WJP-2.jpg?uselang=de

S. 46: Hirsch © Bill Ebbesen [CC BY 3.0 (https://creativecommons.org/licenses/by/3.0/)], Wikimedia, http://commons.wikimedia.org/wiki/File:Red_deer_stag_2009_denmark.jpg

S. 47: Luchs © Bernard Landgraf (User: Baerni) [CC BY-SA 3.0 (https://creativecommons.org/licenses/by-sa/3.0/)], Wikimedia, http://commons.wikimedia.org/wiki/File:Lynx_lynx_poing.jpg

S. 47 ff.: Deutschlandkarte © artalis, Fotolia.com (bearbeitet)

S. 56: Igel © Dagner Gerhart, MEV-Verlag, Nr. 49030

S. 57: Jäger © auremar, Shutterstock.com

S. 58: Bär © digiphot, MEV-Verlag, Nr. 43031

S. 59: Briefumschlag © Fotografie: Frank C. Müller, Baden-Baden [CC BY-SA 2.5 (https://creativecommons.org/licenses/by-sa/2.5/)], Wikimedia, https://commons.wikimedia.org/wiki/File:Briefumschlag_fcm.jpg?uselang=de

S. 76: Weltkugel © NASA, Apollo 17 Crew, Wikimedia, https://commons.wikimedia.org/wiki/File:The_Earth_seen_from_Apollo_17.jpg

S. 78, 81: Ökologischer Fußabdruck © Mopic, Shutterstock.com

S. 83: Welle © Micha Pawlitzki, MEV-Verlag, Nr. 46052

S. 83: Überschwemmung © K. Schlenstedt, Wikimedia, http://de.m.wikipedia.org/wiki/Datei:Steinthaleben-%C3%9Cberschwemmung.JPG

S. 84: Erdbeeren © Carsten Medom Madsen, Shutterstock.com

S. 84: Weinreben © Robert Kalb, MEV-Verlag, Nr. 61038

S. 85: Waldbrand © John McColgan, Wikimedia, https://commons.wikimedia.org/wiki/File:Deerfire_high_res_edit.jpg

S. 87: Waldbrand © Carl Osbourn [CC BY 2.0 (https://creativecommons.org/licenses/by/2.0/)], Wikimedia, http://commons.wikimedia.org/wiki/File:Greece_Forest_Fire_July_25_2007.jpg?uselang=de

Textquellen:

S. 55: nach: Claudia Kynast, Tiere in der Stadt: Wildschweine in Berlin, WDR/Planet Wissen, http://www.planet-wissen.de/natur/tier_und_mensch/tiere_der_stadt/pwiewildschweineinberlin100.html

S. 87: „Zukunft in Flammen – wie Waldbrände dem Klimawandel einheizen", Artikel von Viktoria Thumann vom 13.08.2009, unter: https://www.greenpeace.de/themen/waelder/zukunft-flammen-wie-waldbraende-dem-klimawandel-einheizen © Greenpeace e.V.